U0575038

"十四五"时期国家重点出版物出版专项规划项目·重大出版工程规划

中国工程院重大咨询项目成果文库

中国工程院-国家开发银行联合项目：粤港澳大湾区科技创新
与新兴产业发展战略研究

粤港澳大湾区
新兴产业发展与支撑体系研究

王迎军　曾志敏　郑文杰　著

科学出版社

北　京

内 容 简 介

本书明晰了新兴产业的内涵和分类,在分析粤港澳大湾区新兴产业发展的基础、问题与成因的基础上,从政策支撑体系、创新支撑体系、金融支撑体系、新基建支撑体系四方面系统分析了粤港澳大湾区新兴产业的支撑体系,并结合国家规划、粤港澳大湾区中长期发展目标及纽约湾区、旧金山湾区和东京湾区的发展经验,从 9 个方面提出了推动粤港澳大湾区新兴产业高质量发展的政策建议。

本书适读对象包括想了解、研究新兴产业,关心粤港澳大湾区发展的研究人员、政府工作人员和各界社会人士。

图书在版编目(CIP)数据

粤港澳大湾区新兴产业发展与支撑体系研究/王迎军,曾志敏,郑文杰著. —北京:科学出版社,2023.8

"十四五"时期国家重点出版物出版专项规划项目. 重大出版工程规划 中国工程院重大咨询项目成果文库

ISBN 978-7-03-073184-5

Ⅰ.①粤… Ⅱ.①王… ②曾… ③郑… Ⅲ.①新兴产业–产业发展–研究–广东、香港、澳门 Ⅳ.①F279.244.4

中国国家版本馆 CIP 数据核字(2023)第 081663 号

责任编辑:王丹妮/责任校对:贾娜娜
责任印制:张 伟/封面设计:有道设计

科 学 出 版 社 出版
北京东黄城根北街 16 号
邮政编码:100717
http://www.sciencep.com

北京中科印刷有限公司 印刷
科学出版社发行 各地新华书店经销

*

2023 年 8 月第 一 版 开本:720 × 1000 B5
2024 年 1 月第二次印刷 印张:10 1/4
字数:206 000
定价:118.00 元
(如有印装质量问题,我社负责调换)

前　言

　　新一轮科技革命和产业变革正在重构全球创新版图、重塑全球经济结构，在此背景下发展起来的新兴产业正在成为全球经济增长的重要推动器。加速发展新兴产业，不仅是促进粤港澳大湾区经济增长与可持续发展的关键举措，更是建设现代化强国、应对全球变革与挑战的重大战略抉择。习近平指出"加快推进数字经济、智能制造、生命健康、新材料等战略性新兴产业，形成更多新的增长点、增长极"①。纽约湾区、旧金山湾区、东京湾区已成为全球新兴产业的重要聚集地，引领全球科技创新与产业变革的方向。作为"湾区经济"的新军，粤港澳大湾区虽然在新一代信息技术、生物医药、无人机、机器人等新兴领域取得了显著的成绩，但与其他国际湾区相比，粤港澳大湾区新兴产业仍存在较大的发展空间。因此，本书开展粤港澳大湾区新兴产业的发展及支撑体系研究，以推动大湾区新兴产业的高质量发展。

　　本书的研究内容主要分为三大部分。第一，在明晰新兴产业内涵和分类的基础上，主要根据全国工商登记数据，从企业数量的视角，分析粤港澳大湾区新兴产业发展的基础、问题与成因。第二，为探讨如何支撑粤港澳大湾区新兴产业的高质量发展，从政策支撑体系、创新支撑体系、金融支撑体系、新基建支撑体系四个方面研究了粤港澳大湾区新兴产业发展的支撑体系。第三，根据粤港澳大湾区新兴产业发展现状和支撑体系的研究，结合国家对大湾区新兴产业发展的规划，提出大湾区新兴产业的中长期发展目标。在分析国际湾区新兴产业发展经验的基础上，提出推动粤港澳大湾区新兴产业高质量发展的政策建议。本书的主要研究发现如下。

　　第一，新兴产业正成为湾区经济发展的引擎，产业结构分层明显，产业区域分工格局初步形成。但与此同时，大湾区尚未发展起具有全球影响力的新兴产业集群，而缺乏具有全球影响力的新兴产业集群主要表现在新兴产业科技创新能力不足，缺乏世界级企业引领，产业集群引领效应不显著、粤港澳三地新兴产业协同发展态势尚未充分发挥等方面。而造成上述主要问题的原因在于全球分工与集

---

① 习近平看望参加政协会议的经济界委员[EB/OL].(2020-05-23)[2022-05-26].http://www.gov.cn/xinwen/2020-05/23/content_5514227.htm.

成创新模式的发展桎梏效应不断凸显，政经体制差异制约湾区内部形成稳定合作联盟机制，增长极效应与地方保护主义叠加加剧区域发展不平衡，"重论文轻转化"科研评价体制制约产业基础高级化，政府理念与技术治理能力现代化的形成难以一蹴而就。

第二，广东产业政策主要由广东省政府颁布，同时强调与港澳合作，香港的产业政策主要由粤港两地政府共同颁布，澳门产业政策主要由澳门特区政府颁布且与粤港合作程度较低；粤港澳三地随着新兴产业发展阶段的变化不断适时调整产业政策工具的使用，但均强调环境型工具的使用；粤港澳三地在宏观层面上的产业政策战略目标较为一致，但在微观层面上呈现地方差异性。基于政策文本分析，发现粤港澳大湾区新兴产业政策存在缺乏统一的产业领导机构、政策工具和目标关联模糊、产业补贴存在弱化市场机制的风险、产业政策导向的资源配置不均、产业政策与配套政策缺乏联动等主要问题。

第三，粤港澳大湾区从创新投入、创新网络、成果产业化、创新政策等方面持续完善区域创新体系，实现创新成果不断迈向世界科技前沿，推动"广深港澳科技创新走廊"成为全球重要科技集群。但粤港澳大湾区的科技创新也面临粤港澳三地科研规则对接不顺畅、湾区内部研发经费投入不均衡、基础研究经费投入不足、高水平科研机构和创新平台短板明显、大湾区内地高校的创新合作领导力欠缺等问题。特别地，粤港澳大湾区科技创新平台资源整体而言比较丰富，但存在平台空间布局和领域结构不均衡、高水平科技创新平台（如国家实验室）较少、平台集成共享程度较弱等问题。

第四，大湾区金融、企业、社会文化、科技人才等创新资源基础雄厚，具有活跃的民营经济、高度完备的产业链条、丰富的金融和创新要素，研发、生产和市场能够快速有效对接。这些优势有利于充分释放金融与新兴产业的耦合效应。然而，大湾区金融对新兴产业的承载力仍不足。一方面，大湾区的金融体系和金融产品尚不能满足新兴产业发展的需求，如资本市场缺乏多层次的股票市场，证券市场结构单一，限制了科技企业的融资，初创期科技型中小企业很难通过大湾区的股票和证券市场直接融资。另一方面，粤港澳三地体制机制的差异性使得三地之间金融资源的流动性差，阻碍了大湾区金融产业能级的提升，不能在大湾区的整体框架下创新出新兴产业发展所需的金融产品。

第五，国际新型基础设施建设呈现出以下主要趋势：以"规、快、省、优"促进5G（5th generation mobile networks，第五代移动通信技术）大规模部署；以人为本，政企两开花，大力挖掘人工智能产业价值；新能源汽车与充电桩配套发展；"三步走"战略带动工业互联网全面发展；大数据的发展及隐私的保护，二者难以兼得；大力发展和普及特高压，保障国家能源安全和国民经济命脉；构建城际高铁和城际轨道交通网络，实现区域一体化。粤港澳大湾区在5G、人工智能、新能源基础设施等新基建领域的布局和规划在逐步推进。

第六，粤港澳大湾区新兴产业发展的中长期目标是：全面迈向开放、融合与可持续的全球创新与产业高地。开放、融合与可持续的标志是高度聚集全球创新与产业要素，企业国际化水平位居全球前列，大湾区内人员、物资、资金、信息便捷有序流动，拥有强大的创新支撑能力，新兴产业集群具有全球影响力，在更高层次参与国际经济合作和竞争。粤港澳大湾区应在"锻长板"战略思想下，重点发展新一代信息技术、高端装备制造、新材料三大产业，力争成为具有全球影响力的新兴产业集群，在全球形成反制力。为此，粤港澳大湾区应从适当突出"锻长板"的产业政策导向、构建大中小企业协同发展的企业生态体系、突破产业链关键环节"卡脖子"技术、提升金融与产业协同发展能级、以广东自贸区扩区升级推动产业高水平开放、加强产业"大湾区+"区域合作发展、面向未来产业发展重构人才支撑体系、完善产业制度环境、注重新兴产业与传统产业的协同发展等方面推动新兴产业的高质量发展。

本书的创新之处在于，从已有文献的研究进展来看，学者从新兴产业的本身发展、经济效应、影响因素方面展开了较为全面和深入的研究。但每个研究的关注点是单一的，难以对新兴产业的发展形成整体的认识。与全国性的研究相比，区域层面的研究相对薄弱。虽然粤港澳大湾区是我国科技创新与产业发展的高地，但现有文献对其新兴产业发展的研究相对较少。因此，本书以粤港澳大湾区作为研究切入点，全面评估大湾区新兴产业的发展现状，并从政策、科技创新、金融、新型基础设施建设等角度探讨新兴产业的支撑体系，进而形成对新兴产业发展的整体认识，以系统思维推动新兴产业的高质量发展。

目　　录

第 1 章

绪　　论

　　粤港澳大湾区是由香港、澳门两个特别行政区以及广东省的广州、深圳、珠海、佛山、中山、东莞、惠州、江门、肇庆九市组成的城市群。建设粤港澳大湾区是习近平总书记亲自谋划、亲自部署、亲自推动的重大国家战略。继粤港澳大湾区在 2017 年正式写入政府工作报告之后，2017 年 7 月 1 日，习近平在香港亲自见证国家发展和改革委员会（简称国家发展改革委）和粤港澳三地政府共同签署《深化粤港澳合作　推进大湾区建设框架协议》。习近平在党的十九大报告中明确指出"要支持香港、澳门融入国家发展大局，以粤港澳大湾区建设、粤港澳合作、泛珠三角区域合作等为重点，全面推进内地同香港、澳门互利合作"[①]。2018 年国务院政府工作报告，再次明确要"出台实施粤港澳大湾区发展规划纲要"[②]。2019 年 2 月中共中央、国务院印发了《粤港澳大湾区发展规划纲要》。由此可见，粤港澳大湾区是国家建设世界级城市群和参与全球竞争的重要空间载体，是新时代推动形成全面开放新格局的新举措，是推动"一国两制"事业发展的新实践。

　　新一轮科技革命和产业变革正在重构全球创新版图、重塑全球经济结构，在此背景下发展起来的新兴产业正在成为全球经济增长的重要推动器。加速发展新兴产业，不仅是促进粤港澳大湾区经济增长与可持续发展的关键举措，更是建设现代化强国、应对全球变革与挑战的重大战略抉择。2020 年习近平在看望参加政协会议的经济界委员时强调"加快推进数字经济、智能制造、生命健康、新材料等战略性新兴产业，形成更多新的增长点、增长极"[③]。纽约湾区、旧金山湾区、东京湾区已成为全球新兴产业的重要聚集地，引领全球科技创新与产业变革的方

---

　　① 习近平. 决胜全面建成小康社会　夺取新时代中国特色社会主义伟大胜利——在中国共产党第十九次全国代表大会上的报告[EB/OL].(2017-10-18)[2022-05-26].http://www.gov.cn/zhuanti/2017-10/27/content_5234876.htm.

　　② 李克强. 2018 年政府工作报告[EB/OL].(2018-03-05)[2022-05-26].http://www.gov.cn/guowuyuan/2018zfgzbg.htm.

　　③ 习近平看望参加政协会议的经济界委员[EB/OL].(2020-05-23)[2022-05-26].http://www.gov.cn/xinwen/2020-05/23/content_5514227.htm.

向。作为"湾区经济"的新军，粤港澳大湾区虽然在新一代信息技术、生物医药、无人机、机器人等新兴领域取得了显著的成绩，但与其他国际湾区相比，粤港澳大湾区新兴产业仍存在较大的发展空间。因此，本书将展开粤港澳大湾区新兴产业的发展及支撑体系研究，以推动大湾区新兴产业的高质量发展。

1.1 研究价值

研究粤港澳大湾区新兴产业的发展及支撑体系有助于大湾区实现产业发展的自立自强，并在激烈的区域竞争中形成自身的产业优势，引领全国新兴产业的发展。

当今国际政治经济环境的不确定性在加剧，尤其是美国针对我国展开的技术制裁，更是为我国新兴产业的发展带来了更多不确定性和挑战。新兴产业已成为推动粤港澳大湾区经济发展的新兴力量，并在某些产业和技术领域已具备了一定程度的全球竞争优势，因此粤港澳大湾区新兴产业的发展受国际环境变动的影响更大。粤港澳大湾区新兴产业发展仍然面临不少问题与挑战，主要表现为关键、核心技术储备不足，尖端技术、核心部件制造与美欧日差距较大。核心技术和工艺受制于人，关键材料、核心零部件、基础软件等依赖进口，核心技术层面多个领域存在"卡脖子"风险。例如，在集成电路领域，电子设计自动化（electronic design automation，EDA）软件是集成电路设计最上游、最高端的产业，全球电子设计自动化软件主要由楷登电子（Cadence）、新思科技（Synopsys）、明导（Mentor Graphics）三家美国企业垄断，大湾区电子设计自动化软件销售额的95%由这三家企业占据。随着产业、消费升级步伐加快，国际竞争加剧，部分问题会凸显，因此大湾区需要着力研究新兴产业发展的问题，突破面临的"卡脖子"问题。

2020年中国常住人口城镇化率突破60%，城市群正在成为承载发展要素的主要空间形式。2015年4月中共中央政治局审议通过《京津冀协同发展规划纲要》，2019年2月中共中央、国务院印发了《粤港澳大湾区发展规划纲要》，2019年5月中共中央政治局召开会议审议了《长江三角洲区域一体化发展规划纲要》，2020年10月中共中央政治局召开会议审议了《成渝地区双城经济圈建设规划纲要》。一系列的国家重大区域发展战略表明，京津冀、粤港澳大湾区、长三角、成渝等城市群将成为国家经济发展的重大载体。为了抢占未来产业发展的制高点，这些城市群纷纷将产业发展目标瞄向了新兴产业，因此粤港澳大湾区新兴产业的发展将面临京津冀、长三角、成渝的激烈竞争。在国内主要城市群间新兴产业竞争加剧的背景下，粤港澳大湾区如何明确自身新兴产业发展的重点领域，与其他城市群形成竞争与互补的区域合作格局，共同推动我国新兴产业的高质量发展便成为需要深入研究的议题。

1.2　研　究　现　状

2009 年 11 月温家宝在《让科技引领中国可持续发展》的重要讲话中首次提出"逐步使战略性新兴产业成为经济社会发展的主导力量"[①]。自此以后，学者对新兴产业的理论内涵展开了深入的研究。贺俊和吕铁（2012）从主导技术成熟度和市场成熟度刻画了新兴产业的产业经济学特征，认为新兴产业是处于从技术培育到产业化再到产业进入者数量达到最大值之间这一时期的产业。孙国民（2021）在国内外文献综述的基础上总结了新兴产业的主要特征，并提出要从产业动态性、区域差异性、战略性、重要性等层面对新兴产业加以理解。在多年探索的基础上，国家统计局在 2018 年颁布了《战略性新兴产业分类（2018）》，为我国新兴产业的统计提供了官方指引，进而能够更好地监测新兴产业的发展情况。

自新兴产业的概念提出以来，学者自然关注新兴产业能否成为经济发展的新动能。何立春（2015）研究发现，新型城镇化和新兴产业能够共同推动经济社会的发展。谢国根等（2018）基于安徽的研究指出，新兴产业发展与经济发展的协调性在不断上升。李太平和顾宇南（2021）基于长江经济带的实证研究表明，新兴产业通过促进产业结构升级推动区域经济的高质量发展。总体来看，学者的研究均肯定了新兴产业对推动经济发展的重要作用。

鉴于新兴产业对推动经济发展的重要作用，学者进一步探讨了如何推进新兴产业的发展。任保全等（2016）研究发现，我国新兴产业的生产率出现了下滑的趋势。通过对下滑原因的分析，他们研究指出，出口导致了生产率的下降，本土市场需求促进了生产率的上升，本土市场需求成为遏制生产率下降的有效途径。黄先海和张胜利（2019）指出，国内超大市场规模是新兴产业发展的肥沃土壤。张治河等（2014）认为，集群化模式要推动新兴产业发展，在此过程中要明确政府、市场及其他主体的作用机制。从现有的研究来看，需要以产业生态系统的视角推动中国新兴产业的发展（李晓华和刘峰，2013），有效配置政府补贴、金融资

---

①温家宝.让科技引领中国可持续发展[EB/OL].(2009-11-03)[2022-05-26].http://www.gov.cn/ldhd/
2009-11/23/content_1471208.htm.

源、创新资源、政策资源等多位资源（陆国庆等，2014；赵玮和温军，2015），这样才能形成合力推动新兴产业的高质量发展。

新兴产业的发展需要落到具体的区域空间，因此，学者也探讨了新兴产业的区域发展，形成了"经济区—省域—城市"的研究层次。在经济区层面，例如，庄德林等（2017）研究了长三角地区新兴产业发展的城市网络结构演变问题；曾刚和耿成轩（2018）对京津冀地区新兴产业发展的阶段进行了分析，研究发现，北京新兴产业发展的成熟度高于天津和河北。在省域层面，例如，李爽等（2020）分析了江苏省新兴产业发展的金融支持状况。在城市层面，例如，赵华等（2021）研究了苏北五市新兴产业的创新问题；余迎昕和陈云磊（2021）研究了芜湖市如何利用商业银行支撑新兴产业的发展。

就本书的研究而言，我们更为关注粤港澳大湾区新兴产业的发展。张龙鹏和刘俊杰（2020）基于政策主体、工具与目标的分析框架，比较研究了粤港澳大湾区 2010 年及以后颁布的新兴产业政策。付荣华和皮晓芳（2020）研究了大湾区新兴产业集群的协同创新问题，并提出了相应的政策建议。王渊奇（2020）探讨了外资对大湾区新兴产业发展的影响，研究主要从资本关联、产业关联、竞争效应等维度展开。范拓源（2018）探索财政扶持大湾区新兴产业发展的模式。陈茂清等（2021）对科学仪器产业这一具体的新兴产业展开了研究。

从已有文献的研究进展来看，学者从新兴产业的本身发展、经济效应、影响因素展开了较为全面和深入的研究。但每个研究的关注点是单一的，难以对新兴产业的发展形成整体的认识。与全国性的研究相比，区域层面的研究相对薄弱。虽然粤港澳大湾区是我国科技创新与产业发展的高地，但现有文献对其新兴产业发展的研究相对较少。因此，本书以粤港澳大湾区作为研究切入点，全面评估大湾区新兴产业的发展现状，并从政策、科技创新、金融、新型基础设施建设等角度探讨新兴产业的支撑体系，进而形成对新兴产业发展的整体认识，以系统思维推动新兴产业的高质量发展。

1.3　本书主要内容

本书的主要研究内容包括以下三方面。

第一，在明晰新兴产业内涵和分类的基础上，主要根据全国工商登记数据，从企业数量的视角，分析粤港澳大湾区新兴产业发展的基础、问题与成因。该部分的研究内容对应本书的第 2 章。

　　第二，为探讨如何支撑粤港澳大湾区新兴产业的高质量发展，从政策支撑体系、创新支撑体系、金融支撑体系、新基建支撑体系四个方面研究了粤港澳大湾区新兴产业发展的支撑体系。该部分的研究内容对应本书的第 3 章到第 6 章。

　　第三，根据粤港澳大湾区新兴产业发展现状和支撑体系的研究，结合国家对大湾区新兴产业发展的规划，提出大湾区新兴产业的中长期发展目标。在分析国际湾区新兴产业发展经验的基础上，提出推动粤港澳大湾区新兴产业高质量发展的政策建议。该部分的研究内容对应本书的第 7 章。

第 ❮ 2 ❯ 章

粤港澳大湾区新兴产业发展的
总体情况

本章将在明确新兴产业概念与分类的基础上，利用全国工商登记数据，从企业数量的角度分析粤港澳大湾区新兴产业发展的基础与问题，并进一步总结产业发展问题的成因。

2.1 新兴产业的概念与分类

2.1.1 新兴产业的概念

2009 年 11 月温家宝在《让科技引领中国可持续发展》的讲话中首次提出"逐步使战略性新兴产业成为经济社会发展的主导力量"[①]。2010 年 10 月，《国务院关于加快培育和发展战略性新兴产业的决定》（简称《决定》）提出了发展战略性新兴产业的目标。正是在这样的背景下，新兴产业被视为我国经济转型发展的重要引擎。根据《决定》的界定，本书认为新兴产业是指以重大技术突破和重大发展需求为基础，对经济社会全局和长远发展具有重大引领带动作用，知识技术密集、物质资源消耗少、成长潜力大、综合效益好的产业。

2.1.2 新兴产业的分类

为更加准确地掌握我国新兴产业发展的情况，国家统计局经过多年的探索与论证，在 2018 年颁布了《战略性新兴产业分类（2018）》。国家统计局关于战略性新兴产业的分类与国务院的政策基本保持了一致。更为重要的是，国家统计局对每个大类战略性新兴产业包括的细分产业做了明确的分类。因此，基于研究的需要，本书采用国家统计局的分类进行粤港澳大湾区新兴产业发展的研究，具体的

---

①温家宝.让科技引领中国可持续发展[EB/OL].(2009-11-03)[2022-05-26].http://www.gov.cn/ldhd/2009-11/23/content_1471208.htm.

产业分类如表 2-1 所示。

表 2-1　国家统计局关于战略性新兴产业的分类

一级产业分类	二级产业分类
新一代信息技术	下一代信息网络产业，电子核心产业，新兴软件和新型信息技术服务，互联网与云计算、大数据服务，人工智能
高端装备制造	智能制造装备产业、航空装备产业、卫星及应用产业、轨道交通装备产业、海洋工程装备产业
新材料	先进钢铁材料、先进有色金属材料、先进石化化工新材料、先进无机非金属材料、高性能纤维及制品和复合材料、前沿新材料、新材料相关服务
生物	生物医药产业、生物医学工程产业、生物农业及相关产业、生物质能产业、其他生物业
新能源汽车	新能源汽车整车制造，新能源汽车装置、配件制造，新能源汽车相关设施制造，新能源汽车相关服务
新能源	核电产业、风能产业、太阳能产业、生物质能及其他新能源产业、智能电网产业
节能环保	高效节能产业、先进环保产业、资源循环利用产业
数字创意	数字创意技术设备制造、数字文化创意活动、设计服务、数字创意与融合服务
相关服务	新技术与创新创业服务、其他相关服务

资料来源：国家统计局《战略性新兴产业分类（2018）》

2.2　粤港澳大湾区新兴产业的发展基础

2.2.1　产业规模

1. 大湾区新兴产业引领全国新兴产业发展

如表 2-2 所示，截止到 2021 年 3 月，粤港澳大湾区新兴产业企业数量[①]达 140.05 万家，占全国新兴产业企业数量的 15.34%，大湾区 9 个城市贡献了全国超过 15% 的新兴产业企业。从各个城市的具体情况看，广州新兴产业企业数量为 56.12 万家，排全国第二，深圳新兴产业企业数量达 55.25 万家，位居全国第三，广州与

---

　① 为在同一统计标准下展开粤港澳大湾区新兴产业发展基础的评估，同时考虑到研究数据的可获得性问题，本书利用截止到 2021 年 3 月的全国工商登记数据，从企业数量的角度分析粤港澳大湾区新兴产业发展现状。全国工商登记数据未包含香港和澳门的数据，因此粤港澳大湾区新兴产业发展现状的分析不包括香港和澳门。由于数据分析量庞大，整个分析过程借助了云平台和大数据分析技术。首先剔除了商事主体为个体户的样本，营业执照已被吊销的样本，企业名称中带有代表处、办事处、店、专柜、展销柜等明显不属于新兴产业企业的样本；其次参照国家统计局 2018 年发布的新兴产业分类目录，提取出新兴产业领域企业，并明确企业所属的新兴产业门类。

深圳的体量相差不大，两个城市已成为引领我国新兴产业发展的高地。东莞、佛山新兴产业企业数量排在全国前 50；惠州、中山、珠海分别排全国第 51、第 56、第 58，三个城市发展接近。可见，大湾区已成为推动全国新兴产业发展的一股重要力量。

表 2-2　粤港澳大湾区新兴产业企业数及全国排名

区域	新兴产业企业数/万家	全国排名
粤港澳大湾区	140.05	—
广州	56.12	2
深圳	55.25	3
珠海	2.92	58
佛山	5.68	33
惠州	3.8	51
东莞	11.07	19
中山	3.03	56
江门	1.29	120
肇庆	0.89	154

2. 新兴产业在大湾区经济发展中的重要性凸显

如图 2-1 所示，从新兴产业企业数占企业总数的比重来看，大湾区新兴产业企业数占企业总数的比重达 23.18%，新兴产业企业已形成一定的规模和聚集态势。从各个城市的情况看，广州新兴产业企业数占比最高，达到 33.5%，比大湾区整体水平高 10.32 个百分点；深圳新兴产业企业数占比为 22.26%，位居第二，略低于大湾区整体水平；除广州、深圳与惠州外，其他城市新兴产业企业数占比较为均衡，在 13% 到 17% 之间，差距不明显。数据表明，新兴产业在大湾区经济发展中正扮演着不可或缺的角色。

由于全国工商登记数据未包含香港和澳门的企业，因此不能与珠三角九市一道从企业数量角度分析新兴产业在经济发展中的作用。同时，由于香港没有专门针对新兴产业发展的统计数据，因此可将专业服务及商业支援服务、文化及创意产业、创新及科技产业划为香港的新兴产业范畴。如图 2-2 所示，2018 年与 2019 年香港新兴产业增加值占地区生产总值比重分别为 17.1% 和 17%。由此可知，香港新兴产业的发展比较稳定且在香港经济发展中具有一定的地位。

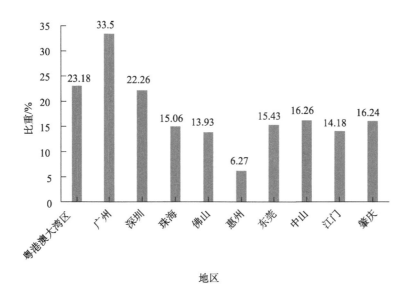

图 2-1 粤港澳大湾区新兴产业企业数占企业总数比重

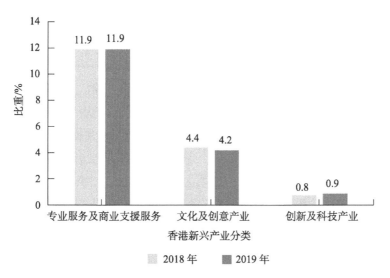

图 2-2 香港新兴产业增加值占地区生产总值比重
资料来源：香港政府统计处网站

澳门的主导产业为博彩业，其增加值占地区生产总值比重高达 78%[①]，但如图 2-3 所示，澳门新兴产业增加值从 2016 年的 288.6 亿澳门元增加到 2019 年的 360.1 亿澳门元，年均复合增长率 7.7%。2019 年澳门新兴产业增加值占地区生产总值比重为 8.23%，比 2016 年提高了 0.18 个百分点。

————————————

① 根据澳门特别行政区政府统计暨普查局提供的数据计算。

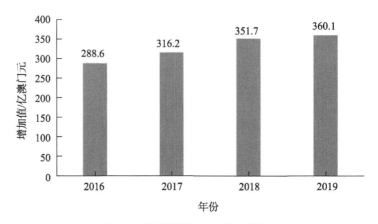

图 2-3 澳门新兴产业增加值变化

资料来源:《澳门经济适度多元发展统计指标体系分析报告》

在澳门的统计分类中,新兴产业包括金融业、会展业、文化产业、中医药产业

2.2.2 产业结构

1. 大湾区新兴产业呈"1323"分层结构

大湾区新兴产业结构分层明显,新一代信息技术为第一梯队,高端装备制造、新材料、生物为第二梯队,节能环保、相关服务为第三梯队,新能源汽车、新能源、数字创意则为第四梯队。新一代信息技术是大湾区的引领性新兴产业,企业数达 47.67 万家,占新兴产业企业总数的 34.04%。位于第二梯队的高端装备制造、新材料与生物三个新兴产业的体量相当,企业数分别为 17.98 万家、18.78 万家、21.88 万家,占大湾区新兴产业企业总数的比重分别为 12.84%、13.41%、15.62%,成为大湾区的支柱性新兴产业。在第三梯队中,节能环保、相关服务两个新兴产业企业总数比重分别为 8.97%、10.63%。相关服务企业占比较高,说明大湾区新兴产业具有创新、制造与服务协同发展的能力。第四梯队的新能源汽车、新能源、数字创意产业企业数占新兴产业企业总数的比重均未超过 3%。

2. 大湾区各城市新兴产业发展呈三种结构特征

如表 2-3 所示,大湾区各城市新兴产业发展的第一种结构特征为极点发展型,深圳的新兴产业结构属于此特征。深圳新一代信息技术产业企业数占其新兴产业企业总数的比重为 45.13%,基本占据了半壁江山。第二种结构特征为多点发展型,广州的新兴产业结构属于此特征。虽然广州的新一代信息技术产业企业数占新兴产业企业总数比重为 29.03%,但明显低于深圳的比重。另外,广州的高端装备制

表 2-3 粤港澳大湾区内地城市新兴产业结构（单位：%）

城市	新一代信息技术	高端装备制造	新材料	生物	新能源汽车	新能源	节能环保	数字创意	相关服务
广州	29.03	13.50	14.10	13.40	0.56	5.62	8.63	0.89	14.27
深圳	45.13	12.90	10.23	17.96	0.99	0.87	5.62	0.58	5.72
珠海	24.48	14.57	12.80	18.59	1.31	1.87	12.89	1.50	11.99
佛山	12.85	9.56	22.99	11.78	0.56	3.16	17.53	0.31	21.27
惠州	21.17	7.83	12.37	18.59	1.66	1.84	23.56	0.28	12.69
东莞	29.49	13.98	20.54	13.50	1.29	1.20	12.96	0.15	6.88
中山	19.73	9.18	13.74	18.02	1.16	2.29	14.39	0.16	21.33
江门	14.40	7.73	19.74	24.11	0.77	2.05	20.93	0.24	10.03
肇庆	16.44	9.74	13.65	19.41	1.24	1.49	22.63	0.29	15.11

注：表中数值为各城市新兴产业企业数占该城市新兴产业企业总数的比重

造、新材料、生物与相关服务四个新兴产业发展均衡，占新兴产业企业总数的比重在 14%左右。第三种结构特征为均衡发展型。粤港澳大湾区除广州和深圳外的其他城市新兴产业发展均属于此类型，企业均衡分布在新一代信息技术、高端装备制造、新材料、生物、节能环保、相关服务六个新兴产业领域。不同城市新兴产业结构的差异性说明大湾区新兴产业存在区域分工与合作趋势。

2.2.3 产业空间分布

1. 大湾区新兴产业城市集中趋势明显

由表 2-4 可以看出，新兴产业基本上集中分布在广州和深圳，但集中程度有所不同。新一代信息技术、高端装备制造、新能源、数字创意四个新兴产业分别有 86.48%、81.78%、86.96%、89.17%的企业分布在广州和深圳，其中新一代信息技术主要集中在深圳，新能源和数字创意主要集中在广州，高端装备制造企业在广州、深圳的分布较为均衡。大湾区的新材料、生物、新能源汽车、相关服务分别有 72.23%、79.7%、72.07%、75.07%的企业分布在广州和深圳，集中度有所降低，新材料、相关服务主要集中在广州，生物、新能源汽车主要集中在深圳。大湾区的节能环保有 63.3%的企业分布在广州和深圳，集中度进一步降低，节能环保企业主要集中在广州。此外，表 2-4 还表明，除广州、深圳外，新一代信息技术在东莞，高端装备制造在东莞，新材料在东莞、佛山，生物在东莞，新能源汽车在东莞、惠州，新能源在佛山、东莞，节能环保在东莞、佛山、惠州，数字创意在珠海，相关服务在佛山、东莞也有一定程度的分布。

表 2-4　粤港澳大湾区新兴产业的空间分布（单位：%）

城市	新一代信息技术	高端装备制造	新材料	生物	新能源汽车	新能源	节能环保	数字创意	相关服务
广州	34.18	42.13	42.14	34.36	26.27	75.37	38.58	54.22	53.81
深圳	52.30	39.65	30.09	45.34	45.80	11.59	24.72	34.95	21.26
珠海	1.50	2.37	1.99	2.48	3.22	1.31	3.00	4.76	2.35
佛山	1.53	3.02	6.96	3.06	2.68	4.29	7.94	1.93	8.12
惠州	1.69	1.65	2.50	3.22	5.30	1.67	7.12	1.18	3.23
东莞	6.85	8.60	12.11	6.83	12.03	3.18	11.43	1.83	5.12
中山	1.26	1.55	2.22	2.50	2.96	1.66	3.47	0.52	4.34
江门	0.39	0.55	1.35	1.42	0.83	0.63	2.15	0.34	0.87
肇庆	0.31	0.48	0.64	0.79	0.92	0.31	1.60	0.27	0.90

注：表中数值为各城市各新兴产业企业数占大湾区该新兴产业企业总数的比重

2. "十四五"期间新兴产业区域分工将更加协同高效

根据粤港澳大湾区各城市发布的"十四五"规划分析"十四五"期间大湾区新兴产业发展的区域分工格局[①]。由表 2-5 可知，大湾区在主要新兴产业领域均有布局，但各城市新兴产业发展有其侧重点，区域分工格局将更加协同高效，主要体现在三个方面：第一，在国家亟须突破的新兴产业领域，大湾区大部分城市均提出要重点突破和发展，充分发挥了举国体制的优势，如广州、深圳、珠海、佛山、东莞、中山都提出了要重点发展半导体与集成电路产业，但也不可避免地存在产业竞争；第二，各城市在布局大湾区具有整体优势新兴产业的基础上，又根据自身产业基础有所侧重，共同构筑了粤港澳大湾区完善的新兴产业体系，如广州突出了太赫兹，香港突出了讯息科技和电讯、生物科技，珠海突出了高端打印设备、航天航空，佛山突出了高端软件；第三，相比其他城市，广州与深圳在新兴产业上的布局更为全面，基本涵盖了所有的新兴产业领域，同时广州、深圳突出量子科技、纳米科技等未来前沿产业的发展和布局。

---

① 由于目前香港和澳门没有专门制订"十四五"规划，因此香港的新兴产业布局参考了《香港2030规划远景与策略》，澳门的参考了《澳门特别行政区五年发展规划（2016—2020 年）》。

表 2-5　"十四五"期间粤港澳大湾区新兴产业空间规划布局

新兴产业	广州	深圳	珠海	佛山	惠州	东莞	中山	江门	肇庆	香港	澳门
新一代信息技术	√	√			√	√	√	√	√		
半导体与集成电路	√	√	√	√			√	√			
超高清视频	√	√		√							
新型显示	√			√	√						
区块链	√			√							
太赫兹	√										
智能终端				√	√						
人工智能		√							√		
5G		√			√						
电子元器件				√					√		
高端软件				√							
讯息科技和电讯										√	
高端装备制造		√				√	√	√			
智能装备与机器人	√	√		√			√				
高端打印设备			√								
航天航空			√								
精密仪器设备				√			√			√	
轨道交通	√										
新材料	√	√	√	√		√		√	√		
激光与增材制造		√		√	√		√				
石墨烯				√							
石化新材料				√							
生物	√				√		√	√			
生物医药		√	√	√		√			√		√
高端医疗设备			√						√		
新型医疗器械									√		
生物科技										√	√
新能源汽车	√	√				√					
零部件				√		√		√			
新能源电池		√			√	√					
新能源	√		√				√				
氢能源	√				√						
天然气水合物	√										
石化新能源					√						
节能环保	√	√									
数字创意	√	√		√			√			√	√

续表

新兴产业	广州	深圳	珠海	佛山	惠州	东莞	中山	江门	肇庆	香港	澳门
海洋经济		√			√			√			
海洋高端装备					√						
海洋生物					√						
量子科技	√	√		√		√					
纳米科技	√	√									

资料来源：各城市"十四五"规划文件、《香港2030规划远景与策略》和《澳门特别行政区五年发展规划（2016—2020年）》

2.3　粤港澳大湾区新兴产业发展存在的问题与原因

2.3.1　主要问题

粤港澳大湾区新兴产业发展现状的分析结果显示，大湾区在新一代信息技术、高端装备制造、新材料、生物等领域已经形成一定的集群优势，尤其在新一代信息技术产业领域。但从《粤港澳大湾区发展规划纲要》提出大湾区要建成全球新兴产业重要策源地的战略目标来看，大湾区现有新兴产业较难支撑得起这一战略目标的实现，尚未发展起具有全球影响力的新兴产业集群，而缺乏具有全球影响力的新兴产业集群主要表现在新兴产业科技创新能力不足，缺乏世界级企业引领，产业集群引领效应不显著，粤港澳三地新兴产业协同发展态势尚未充分发挥等方面。

1. 缺乏具有全球影响力的新兴产业集群

从旧金山、纽约、东京三大湾区的发展经验看，它们均培育出了具有全球影响力的新兴产业集群。旧金山湾区已形成以新一代信息技术为标志的新兴产业集群，汇集了谷歌、苹果、甲骨文、脸书、思科、英特尔、雅虎、惠普等一批世界级信息技术企业。纽约湾区通过自身强大的金融实力推动了生物医药的发展。位于纽约湾区西北部的新泽西州制药业尤其发达。强生、默克等20多家世界级制药企业总部设在新泽西州，销售额占全球制药业销售总额的50%。东京湾区以新一代信息技术为依托，赋能传统优势制造业的转型升级，打造高度现代化的先进制造业集聚地。东京湾区数字化产业引领全球，其产业市场份额已超全球数字产业总份额的1/3。虽然粤港澳大湾区已形成了珠江东岸新一代信息技术产业带和珠江西岸高端装备制造产业带，但这些新兴产业集群仍缺乏全球影响力，"长板不长"问题突出，主要表现为新兴产业科技创新能力不足，缺乏世界级企业引领，产业集群引领效应不显著，粤港澳三地新兴产业协同发展态势尚未充分发挥。

2. 新兴产业科技创新能力不足

对于发展中国家而言，创新演进仍主要处于引进、模仿和吸收阶段，专利是衡量创新活动的理想指标（王金杰等，2018），也代表了创新主体的创新产出，因此本书利用专利申请来考察粤港澳大湾区新兴产业的科技创新能力。本书结合 2020 年中国各主体的专利申请记录，统计了大湾区各新兴产业申请专利的企业数，并计算了各新兴产业申请专利企业数占产业企业总数的比重，如图 2-4 所示。整体而言，大湾区新兴产业申请专利的企业数占比仅为 3.16%，表明新兴产业领域企业的科技创新活动并不普遍，进而导致科技创新能力不足。分具体产业来看，虽然在规模上新一代信息技术是大湾区的引领性新兴产业，但申请专利的企业数占比仅为 2.29%，低于整体新兴产业水平。在新兴产业领域中，新能源产业的科技创新活动最为普遍，申请专利企业数占比为 5.01%。

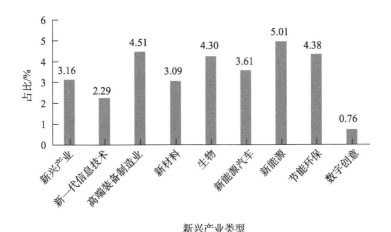

图 2-4 2020 年粤港澳大湾区新兴产业拥有专利申请记录的企业数占比
资料来源：中国专利信息中心

除芯片、操作系统等核心技术受制于人外，大湾区的一些高端元器件、零部件、设备、材料及基础软件也长期依赖于欧美日进口，存在被"卡脖子"的风险。比如电子产品常用的元件高端电容电阻，基本被日本东京电气化学工业株式会社（Tokyo Denkikagaku Kogyo K.K，TDK）、村田等企业垄断；制作液晶显示器的超32 英寸（1 英寸=2.54 厘米）氧化铟锡（tin indium oxide，ITO）靶材全部依赖日韩；工业机器人核心部件触觉传感器国内鲜有企业生产。当前国际政治经济环境的复杂性和不确定性对大湾区产业链完全提出更大的挑战。

3. 企业难以引领具有全球影响力的新兴产业集群的形成

粤港澳大湾区缺乏具有全球影响力的新兴产业集群的一个重要原因是企业难以引领世界级新兴产业集群的形成，主要表现在三个方面。

第一，优势新兴产业集群缺乏世界级企业引领。如表 2-6 所示，在优势新兴产业领域，粤港澳大湾区拥有的世界 500 强企业数和占比都要低于其他三个国际湾区。先进制造作为东京湾区的优势新兴产业，汇集了 10 家世界 500 强企业，是粤港澳大湾区的 3.3 倍。新一代信息技术作为旧金山湾区的优势新兴产业，汇集的世界 500 强企业数占比高达 72.7%，比粤港澳大湾区高 57.7 个百分点。由于缺乏世界级企业的集群，粤港澳大湾区优势新兴产业难以围绕产业链形成上下游配套，进而形成全球反制力。

表 2-6   四大国际湾区优势新兴产业世界级企业的比较

四大湾区	优势新兴产业世界 500 强企业数/个	优势新兴产业世界 500 强企业数占世界 500 强企业数的比重/%	优势新兴产业世界 500 强企业的产业领域分布
粤港澳大湾区	3	15	通信、信息技术
纽约湾区	4	18.2	电信、制药
旧金山湾区	8	72.7	互联网、网络通信设备、半导体、电子元件
东京湾区	10	25.6	通信、信息技术、电子电气设备

资料来源：2019 年《财富》世界 500 强榜单

第二，高成长性企业的聚集效应不够显著。如图 2-5 所示，无论是从独角兽企业数量来看，还是从瞪羚企业数量来看，粤港澳大湾区高成长性企业的聚集效应不够显著，远低于北京和长三角地区。2020 年粤港澳大湾区新兴产业领域的独角兽企业数量为 32 家，仅占北京的 34.4%。上海、杭州、南京三个长三角地区核心城市的独角兽企业数量合计为 78 家，是大湾区的 2.4 倍。2020 年大湾区瞪羚企业数量为 13 家，北京数量是大湾区的 2.6 倍，上海、杭州、南京三市数量（40 家）是大湾区的 3.1 倍。

第三，企业国际化水平还不足以支撑新兴产业国际市场的拓展。德国中小企业在提供国内 70%以上就业的同时，创造了 40%的 GDP，同时在世界市场上占中

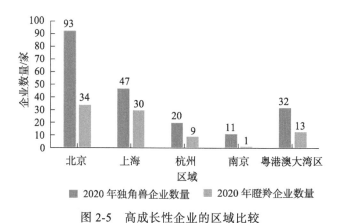

图 2-5　高成长性企业的区域比较

资料来源:《2020 胡润全球独角兽榜》《2020 胡润中国瞪羚企业》

小企业专业市场份额的 70%~90%。由于专业化程度高,国内市场规模小,因此它们无法获得规模经济。为了克服这个困难,德国中小企业积极开拓海外市场,让产品销售到全球。全球化带来的规模效应足以让公司收回研发投入,并控制住成本。当前无论是大湾区新兴产业领域的大型企业,还是新兴产业领域的中小企业,它们的国际化程度都还不足以支撑新兴产业国际市场的拓展。尤其在目前复杂多变的国际政治环境和新冠疫情全球蔓延的情况下,大湾区新兴产业企业的国际化进程更是面临诸多不确定性。在双循环的新发展格局下,大湾区新兴产业企业有必要立足国内大循环,加快国际化进程,实现国内国际双循环的有机联动,助力具有全球影响力的新兴产业集群的形成。

4. 新兴产业发展湾区内外差距明显

如图 2-6 所示,北京、上海分别作为京津冀、长三角的核心城市,新兴产业企业数占企业总数比重分别达到了 47.34%、40.97%,而广州、深圳作为大湾区的核心城市,新兴产业企业数占比均未超过 40%。与北京相比,广州低 13.84 个百分点,深圳低 25.08 个百分点。由此可见,粤港澳大湾区新兴产业与发挥全国引领性作用还存在一定差距。另外,图 2-6 还显示大湾区内部城市间新兴产业发展存在能级差异,广州为第一级,深圳为第二级,其余 7 市为第三级。能级差异不利于区域内城市间产业要素的对接融合,限制了区域新兴产业的整体发展效率和竞争水平的提升。

5. 粤港澳三地新兴产业的协同发展态势还未充分发挥

自粤港澳大湾区区域发展战略提出以来,粤港澳的产业合作在不断加强,但三地新兴产业的发展还未形成合力,这也制约了大湾区形成和培育具有全球影响

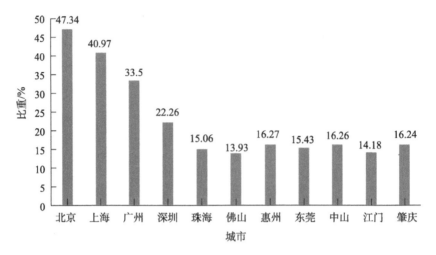

图 2-6　粤港澳大湾区新兴产业发展的区域内外比较

力的新兴产业集群。由于历史原因，以及规划体系、技术标准和管理制度等差异，粤港澳三地的产业规划长期较为独立，在协同发展的要求下显得格外突兀。例如，作为深圳与香港科技创新及新兴产业合作发展的重大战略平台，河套深港科技创新合作区的深圳园区与香港园区发展并不同步。深圳园区一批重大科技创新和新兴产业发展平台已经逐步落地，取得了显著成效。相比之下，香港园区建设较为缓慢，一期建设 8 座楼宇，但将在 2024 年至 2027 年间分阶段落成。深圳园区与香港园区若不能同步发力就会影响新兴产业集群优势的发挥。未来要在粤港澳大湾区总体发展框架下加快解决产业规划不协调、空间利用不科学和部分领域规划错位等问题。

2.3.2　原因分析

1. 全球分工与集成创新模式的发展桎梏效应不断凸显

发生于 20 世纪 70 年代至 21 世纪前十年的信息技术革命被称为人类历史上的"第二次经济大转型"。信息技术革命带来了制造业的全球产业链转移，并促进了以中国为代表的发展中国家的快速发展。粤港澳大湾区现有的发展成绩正是建立在信息技术革命背景下欧美发达国家产业转移的基础上。但第二次经济大转型并没有解决核心创新生态的内生增长问题，核心高新技术仍掌控在欧美发达国家手中，以集成电路、人工智能、生物信息为代表的新一代高新核心技术产业仍然主要集中在美国硅谷、波士顿及欧洲部分地区，而并没有延伸至发展中国家。在全球分工创新体系下，我们已经习惯于通过国际贸易来解决产业发展中的创新需求，导致没有真正培育起科技自立自强的创新体系，一旦国际关系变化，就会在产业关键核心环节上被人"卡脖子"。因此，已经受益于"第二次经济大转型"的大湾区区域，将不得不面临新的发展瓶颈与发展"天花板"。

2. 政经体制差异制约湾区内部形成稳定合作联盟机制

新兴产业发展离不开稳定和有效的政治社会环境支撑，但大湾区合作的法定性联盟机制仍未有重要突破。由于行政级别设置和制度差异，粤港澳大湾区涉及三个省级行政单位，分不出主次，无法确立领导权。截至目前，未能成立统一调配资源、协调产业发展的联盟机制，若一直以粤港澳三地政府谈判、协商的形式推进合作，制度障碍将无法消解。从粤港澳合作格局来看，深圳与香港，澳门与珠海合作紧密，广州与香港、澳门的合作则较为松散，正是缺乏法定性的合作联盟机制，导致合作规划不足，联系相对松散。这一现象不可避免地导致大湾区产业结构雷同、城市分工不明确，同质竞争严重。创新资源和要素的跨城市流动受阻，使得各创新主体的联系和协同度偏低，不利于创新成果快速产业化，影响粤港澳大湾区协同创新潜力的发挥。

3. 增长极效应与地方保护主义叠加加剧区域发展不平衡

一方面，当前粤港澳大湾区形成了三大经济增长极点：广佛极点、港深极点、澳珠极点。这三大增长极的资源虹吸效应不断增强，不可避免地导致肇庆、惠州、江门等城市与广佛、港深、澳珠的区域差距不断扩大。另一方面，粤港澳大湾区处在"一国两制"框架之下，存在文化、法律、空间、产业等方面的差异，由于发展不平衡，诉求、利益也不相同，"9+2"之间既有合作，又有博弈。受到地方保护主义和体制机制上的束缚，出现了"大门敞开、小门关闭"等新问题。各城市带有明显的"合作式博弈"倾向，表现为既有与其他地区互补互通的强烈愿望，又唯恐过度开放会损害自身的利益。因此，增长极效应与地方保护主义叠加会加剧湾区区域发展不平衡。

4. "重论文轻转化"科研评价体制制约产业基础高级化

大湾区高校与科研院所科技成果的有效供给局面尚未形成，科技成果转化率远低于创新型发达国家水平。导致这一局面的主要原因在于，高校与科研院所依然"重论文轻转化"，科研成果评价体系与科研经费管理制度仍不完善。大部分高校与科研院所的科研成果考核仍以专利授权为标准，使得科研成果大批产生，但真正转化落地的却极少，大量成果束之高阁。由于不重视科技成果转化考核，科研人员很难有动力与企业建立成熟的技术合作渠道与平台机制，形成科技与经济"两张皮"现象。虽然近年来国家不断提高科研人员的奖酬比例，但整体成果转化率并没有明显提高。可见，成果转化的核心问题并不在于奖酬比例，而是在于完善科技成果转化管理体系，以及打造专业化的技术转移机构和技术经理人队伍。

5. 政府理念与技术治理能力现代化的形成难以一蹴而就

科技创新的全域极端重要性正日益显现，竞争趋于白热化。科学、技术、创新突破的难度和复杂性空前提升，科技创新领域的竞争逐步演化为系统之间的竞争，科技创新领域的竞争已超越微观组织和个体层面，实际上已成为创新体系和创新生态系统之间的竞争。科技创新的不确定性、不稳定性持续增加，制度供给的质量和效率面临严峻挑战。科技创新存在其客观规律，国内外经验表明大量前沿性科技创新最初均来自大量中小型企业的独立研究，并经过长期摸索、市场优胜劣汰来产生。当前，大湾区治理能力现代化水平距离全球科技创新高地的内在要求仍有较大差距。一方面，政府对企业技术创新过度干预，搞产业竞赛，不利于企业成为真正的技术创新主体；另一方面，政府在为企业营造良好的创新环境方面着力不够，基础生产要素价格扭曲，市场竞争不规范、不充分，知识产权保护制度不完善，产业和融资环境较差，创新人才缺乏，影响了企业创新的动力、能力和绩效。

2.4　本　章　小　结

本章利用全国工商登记数据，从企业数量的角度分析了粤港澳大湾区新兴产业发展的基础、问题及成因。就发展基础而言，研究发现，大湾区新兴产业引领全国新兴产业发展，新兴产业在大湾区经济发展中的重要性凸显，大湾区新兴产业呈"1323"分层结构，大湾区各城市新兴产业发展呈三种结构特征，大湾区新兴产业城市集中趋势明显，"十四五"期间新兴产业区域分工将更加协同高效。在产业发展过程中，大湾区面临以下主要问题：缺乏具有全球影响力的新兴产业集群，新兴产业科技创新能力不足，企业难以引领具有全球影响力的新兴产业集群的形成，新兴产业发展湾区内外差距明显，粤港澳三地新兴产业的协同发展态势还未充分发挥。造成上述问题的主要原因在于：全球分工与集成创新模式的发展桎梏效应不断凸显，政经体制差异制约湾区内部形成稳定合作联盟机制，增长极效应与地方保护主义叠加加剧区域发展不平衡，"重论文轻转化"科研评价体制制约产业基础高级化，政府理念与技术治理能力现代化的形成难以一蹴而就。

第 3 章

粤港澳大湾区新兴产业发展的
政策支撑体系

2019 年中共中央、国务院印发《粤港澳大湾区发展规划纲要》，该规划是指导粤港澳大湾区合作发展的纲领性文件，要求构建具有国际竞争力的现代产业体系，培育壮大新兴产业，特别是战略性新兴产业。但粤港澳大湾区新兴产业的协同发展因三地政治、经济、社会等因素形成的地区壁垒而延缓，主要表现在三个方面：首先，香港、澳门两个特别行政区与其他内地城市的政策体系存在较大差异，进而影响新兴产业发展的战略目标导向，不利于湾区产业协同发展；其次，湾区新兴产业在国家规划引导下，集聚了大量的劳动力、资本、技术以及生产原材料等，但地方壁垒严重影响产业要素的自由流通；最后，大湾区各地方的产业政策多以完善地方产业结构为出发点，尚未基于大湾区全局层面考虑完善性产业政策体系，不利于粤港澳大湾区产业结构的转型升级。总而言之，"一国两制"下的不完全开放经济结构及地缘性的资源配置等问题的存在，将阻碍粤港澳大湾区培育新兴产业集群、增强经济发展新动能。为进一步推动粤港澳大湾区新兴产业的发展，导向性的产业政策将起到至关重要的作用。新兴产业的发展需要营造适应的外部环境，其中政策环境的改善最为关键。粤港澳大湾区的经济要素集聚过程，实质也是湾区的产业转型发展过程，其发展是长期动态变化的过程，因而产业政策必然是一个不断试错和动态调整的过程。粤港澳大湾区的新兴产业发展仍处于初期阶段，现代产业体系初具雏形。随着湾区产业转型升级，需要构建匹配性的产业政策体系。因此，深入研究粤港澳大湾区的新兴产业政策对推动区域性新兴产业高质量发展具有重要的现实意义。

3.1 研 究 设 计

3.1.1 研究方法

政策主体、工具与目标是政府设计、选择、运用与评估政策时考量的重要因素。在研究方法上，本书也遵循"政策主体—政策目标—政策工具"的研究结构。政策主体是政策的颁布者与推动者。政策颁布是政府主体行为的重要表现，政策颁布数量能反映出政府对相关领域发展的重视程度。政策工具作为政府选择、确定新兴产业管理和服务的公共政策方案，是政策主体实现最终政策目标的重要途径。李健等（2013）认为政策工具是被决策者和政策实施者所采用，或从潜在意义上说可能被采用，进而实现单一或者多个政策目标的手段。虽然现有文献对政策工具的分类进行了丰富与深入的研究，但对于政策工具的分类仍主要参照Rothwell 和 Zegveld（1985）的供给型、需求型和环境型划分标准。本书在张秀妮（2019）政策工具分类标准的基础上，参照王世英（2017）对供给型、需求型与环境型政策工具的具体释义，重新界定供给型、需求型、环境型三类政策工具的内容及范围。供给型政策工具主要包括基础建设、资金投入、人才培养、公共服务、技术支持等，以政府导向作用为主，对新兴产业发展提供了强大、有效的动力。需求型政策工具主要涵盖政府采购、用户补贴、贸易管制、应用示范等内容，政府主导性程度较低，通过引入市场机制间接推动新兴产业发展。环境型政策工具主要包括目标规划、税收优惠、策略性措施、法规管制等，政府宏观调控占主导，直接策动新兴产业的有序发展。文献大多以供求型、供给型、需求型和环境型为政策研究工具进行政策分析，而本书在梳理粤港澳大湾区新兴产业政策过程中，发现有些复合型文件或是总体规划涵盖了多类政策工具，因此本书增加组合型一类政策工具，有助于更好地分析政策文本。就新兴产业政策的目标而言，无论是国家层面，还是地方层面，均希望通过政策工具的有效使用，推动大湾区新兴产业发展，促进经济转型升级，培育经济发展新动能。综上所述，本书的分析框架如图 3-1 所示。

3.1.2 数据来源

新兴产业是指以重大技术突破和重大发展需求为基础，对经济社会全局和长远发展具有重大引领作用，知识技术密集、物质资源消耗少、成长潜力大、综合效益好的产业。《粤港澳大湾区发展规划纲要》明确了大湾区将依托香港、澳门、广州、深圳等的科研资源优势和高新技术产业基础，培育壮大新一代信息技术、高端装备制造、新材料、生物、新能源汽车、新能源、节能环保、数字创意、相关服务等九类新兴产业，增强经济发展新动能。因此，本书将依据以上 9 个新兴产业分类比较研究粤港澳大湾区新兴产业政策的政策取向与差异，并提出优化新兴产业政策的相关建议。为保证研究的代表性与有效性，本书基于粤港澳三地政府官方网站，以"新兴产业""战略性新兴产业""新一代信息技术""新材料"

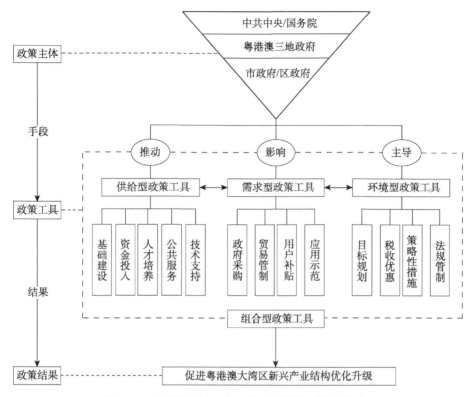

图 3-1 粤港澳大湾区新兴产业政策体系分析框架

等为关键词进行搜索，通过对比内容相关性程度和排除重复文件，最终共搜集到自 2010~2019 年相关性政策文本 85 份，其中香港新兴产业政策 20 份，澳门新兴产业政策 17 份，广东新兴产业政策 48 份。粤港澳三地的新兴产业政策都是在国家最高纲领下制定的地方适应性政策，但由于粤港澳的城市功能定位、产业结构差异性，各地出台的新兴产业政策有较为显著的地缘性特征，主要表现在政策主体、政策工具、政策目标方面的差异。

3.2 粤港澳三地新兴产业政策的比较

3.2.1 政策主体

通过对粤港澳新兴产业政策的政策主体进行梳理，发现三者的主体行为差异较为显著。广东省新兴产业政策的政策主体以广东省人民政府为主，全省统筹安排，各领域部门进行跨部门的沟通与合作，并由上往下层层递推落实。不仅如此，广东省还强调与港澳特区政府的政策协同。随着改革开放的不断深入，《珠江三角洲地区改革发展规划纲要（2008—2020 年）》《粤港合作框架协议》《粤澳合作框架协议》等制度性文件的落地也为粤港澳三地新兴产业合作奠定了基础。香港新兴产业政策主体为广东省人民政府和香港特区政府，香港地区已出台的新兴产业政策多以与广东省的合作性政策为主，强调进一步深化与珠三角地区城市的产业合作交流，联合打造一批产业链完善、具有国际竞争力的新兴产业集群，增强经济发展新动能。澳门新兴产业的政策主体为澳门特区政府，政策的发布者和推动者以特区政府为首，特区政府围绕国家对大湾区建设的总方针，致力于建设世界旅游休闲中心。但澳门特区政府在新兴产业政策制定层面上与香港特区政府、广东省人民政府的合作度相对较低。

3.2.2　政策工具

以 2017 年《深化粤港澳合作　推进大湾区建设框架协议》、2019 年《粤港澳大湾区发展规划纲要》两个重要性文件为时间划分依据，可将粤港澳大湾区新兴产业政策工具的选择演变分为三个阶段：初期探索阶段（2000～2017 年）、加速发展阶段（2017～2019 年）、转型升级阶段（2019 年以后）。通过上述三个阶段的划分，梳理粤港澳三地的新兴产业政策工具，发现三地在政策工具选择顺序上都优先使用环境型政策工具。粤港澳大湾区的新兴产业政策仍以制度法规、目标规划为主要调节工具，而后根据不同的发展时期对政策工具的选择使用做出调整。2010~2017 年为粤港澳大湾区新兴产业发展初期阶段，产业的发展需要政府宏观目标引导及法规管制营造良好的政策环境，因此粤港澳政府重点出台相关的新兴产业制度及阶段性的政策目标作为该阶段产业政策的主要调整工具。2017~2019 年新兴产业政策颁布的年均数量最多，说明政府加大了对新兴产业发展的重视与扶持力度，该阶段政府仍以环境型政策工具为主，但逐步兼顾对其他类型政策工具的综合使用。2019 年新兴产业结构全面深度优化，以供给型、组合型的政策工具为主要调节工具，逐步从单一的政府调控形式过渡到以政府调控为主、市场调节为辅，更好地促进新兴产业全面发展。总体来看，政策工具选择偏好反映了粤港澳三地新兴产业发展阶段的差异，且粤港澳新兴产业发展的阶段性目标不同，要求政策工具的选择要适时调整。

3.2.3　政策目标

粤港澳三地新兴产业政策整体战略目标方向是迎合粤港澳大湾区建设的重大战略机遇，在湾区集聚高端要素的过程中，结合粤港澳科技研发与产业创新优势，大力发展新技术、新产业、新模式，加快形成以创新为主要动力的经济体系，建成全球科技创新高地和新兴产业重要策源地。但由于三地行政上的差异，虽整体战略目标方向保持一致，但各地具体的政策目标仍存在差异。广东新兴产业政策的具体目标为推动当地具有优势的新一代信息技术、生物医药、先进装备等新兴产业的优先发展，同时兼顾与其他领域的新兴产业协同发展以及与港澳地区的有效合作。广东新兴产业政策不仅注重当地新兴产业结构发展的平衡性，还强调与港澳两地的协同合作性。香港新兴产业政策受内地政策影响较深，政策文件多以合作性协议为主，强调与内地的产业合作，政策战略目标基本与广东省保持一致，但具体目标根据地方经济发展差异又有区分。如香港地区注重构建高端引领、协同发展、绿色低碳的开放性、创新型产业体系，因此对相关服务业、数字创意、新一代信息技术的发展较为重视。澳门则注重发展旅游休闲服务业、博彩旅游，发展城市的特色产业体系，对节能环保、新一代信息技术的扶持力度会更大。

总而言之，粤港澳大湾区的政策体系基于问题导向，并对政策总目标进行层层分解执行，如图 3-2 所示。粤港澳三地在宏观层面上的战略目标较为一致，在微观层面上则呈现地方差异性。广东在具体措施上强调以粤港澳大湾区为主体，加快形成区域合作的新兴产业联动机制，香港在具体措施上则强调全面开展产业间的合作交流，促进新兴产业产值增长，澳门则以系统性的城市规划建设改革为主，因此部分政策文件为复合型文件，既涉及多个领域且提供了战略方向和具体措施。

3.3 粤港澳大湾区内新兴产业政策的比较

为促进当地新兴产业的发展，大湾区内各地在中央及省级政策的指导下，出台了相应的地方适应性政策。因此，本书在分析大湾区省级产业政策的基础上，进一步比较研究市区层面的新兴产业政策。

3.3.1 政策主体

各地政府和发展改革委及相关事业单位为地方新兴产业政策的发布者和推动者，但政策的主体仍以各地政府为主。另外，部分地方政府采取项目外包的形式，与相关企业签订合作，旨在推进新兴产业的发展。如肇庆市鼎湖区人民政府与广州博济医药生物技术股份有限公司签订《生物医药项目战略合作框架协议》。部分地方产业无针对性的产业政策，产业发展战略导向主要以省级或国家级政策方针为指导，处于政策实施意见征集的阶段。但根据政策的发文主体观察，各城市间

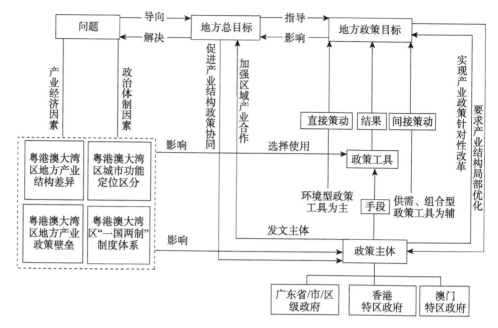

图 3-2　粤港澳大湾区新兴产业政策目标体系框架

的新兴产业合作仍停留在省级政策层面，缺乏市区级层面的深化新兴产业合作的政策体系。整体而言，粤港澳大湾区各城市新兴产业政策以地方人民政府、发展改革委为政策主体，但部分发展较缓慢的地区则与企业、外部机构签订战略协议，通过外部力量加快推进新兴产业发展。

3.3.2　政策工具

各地政府出台的新兴产业政策内容多以目标规划、策略性措施为主，政策工具多为供给型政策工具或组合型政策工具，需求型政策相对欠缺。深圳市政府侧重使用供给型、环境型政策工具。政府侧重从供给端提供资金支持、人才激励、公共服务等，市财政每年安排预算，设立市新兴产业发展专项资金。环境端则以战略规划为主，为新兴产业发展提供阶段性的实施方案、规划目标。广州市政府兼顾了供给型、环境型、需求型、组合型政策工具的选择使用，其中使用最多的是法规管制、目标规划等，从营造新兴产业环境的层面促进产业结构转型发展。佛山市政府侧重使用供给型、组合型政策工具，政府通过财政支持以及产业发展体系的构建促进新兴产业发展。东莞市政府侧重使用环境型政策工具，其中以目标规划、策略性措施工具使用频率较高。由于东莞市是粤港澳地区加工制造业的重要基地，政策工具的使用则是制定阶段性目标实现对制造业的转型。惠州、中山、珠海市政府基本都使用环境型政策工具，以法规管制、目标规划、策略性措施为主。肇庆市、江门市政府侧重使用环境型、组合型政策工具，多以目标规划、策略性措施为主要工具。整体而言，各地区政府对于政策工具的优先选择表现为环境型、供给型、组合型、需求型等，但较少地区能兼顾使用所有工具类型，其中对需求型政策工具的关注度、使用度相对不够，目前以设立阶段性目标作为新兴产业发展的主要调整工具。

3.3.3 政策目标

政策目标的阐述直接反映了各地在新兴产业发展中的地位差异，这是与各地经济社会发展水平相适应的。政策目标划定的实现节点以及目标利润额都直接反映了城市间新兴产业发展水平的差异。基于政策文本的统计，实现新兴产业目标的节点时间与国家"十三五"规划基本一致。政策目标的内容则是体现地方政府重点对某个及多个新兴产业领域倾斜。这是由于粤港澳大湾区基于地方产业结构对不同城市进行功能分工，产业发展需求差异影响各地区制定推行的产业政策针对的侧重点不同，从而政策目标的规划有所区分。深圳、广州等经济水平较高的城市则全面发展新兴产业，城市功能定位相对较高，除了重点发展本地优势产业，还加大对其他新兴产业的扶持。例如，依托珠江东岸地区电子信息产业发展基础，深圳将打造成为大湾区的核心"硅谷"以及智能制造和教育文化旅游产业圈，使城市发展兼顾经贸、科技、教育、文化和生态环保等各类领域。相反，部分城市尤其重视地方优势产业发展，强调其将成为城市的支柱性经济产业。如珠海、佛山、中山、江门、肇庆基于省部级文件《珠江西岸先进装备制造产业带聚焦攻坚行动计划（2018—2020 年)》的政策导向，依托珠江西岸地区的先进制造业尤其是装备制造业发展基础，发展壮大智能制造、航空、海洋工程装备、新能源等产业集群。而惠州市的目标是加快发展石化能源新材料、电子信息两个万亿级先进制造业集群，培育壮大生命健康新支柱产业，构建现代化新兴产业体系。

3.4 粤港澳大湾区与长三角新兴产业政策的比较

3.4.1 比较分析框架

为促进区域的协调发展，中共中央、国务院在 2019 年 2 月印发了《粤港澳大湾区发展规划纲要》，同年 12 月印发了《长江三角洲区域一体化发展规划纲要》。本书将基于这两份文件比较分析粤港澳大湾区与长三角的新兴产业政策，并为粤港澳大湾区的新兴产业政策的优化提供政策启示。基于图 3-1 所示的产业政策分析框架，本书进一步提炼了粤港澳大湾区和长三角地区新兴产业政策的比较分析框架，如图 3-3 所示。

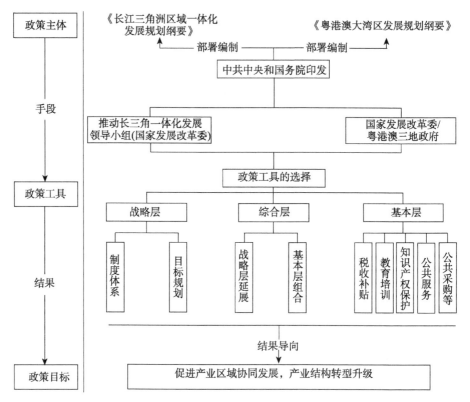

图 3-3　粤港澳大湾区与长三角地区新兴产业政策的比较分析框架

3.4.2　政策主体

《长江三角洲区域一体化发展规划纲要》是旨在推动长三角地区"三省一市"间产业融合和创新发展所出台的一份发展规划。2019 年 4 月，国家发展改革委就长三角一体化发展规划纲要征求意见，上海与江苏、浙江研究制订长三角区域一体化发展示范区方案。同年 5 月，中共中央政治局召开会议审议了《长江三角洲区域一体化发展规划纲要》，同年 12 月 1 日，中共中央和国务院印发并正式生效。自 2010 年国家发展改革委印发《长江三角洲地区区域规划》以来，推进长江三角洲区域一体化发展的工作就主要由国家发展改革委来统筹推进。与之对比，《粤港澳大湾区发展规划纲要》的政策主体是国家发展改革委及粤港澳三地政府。由国家发展改革委主导，会同粤港澳三地和国务院有关部门，广泛听取粤港澳三地政府、有关部门和社会各界意见，共同编制粤港澳大湾区发展规划。《2017 年政府工作报告》正式提出研究制定粤港澳大湾区城市群发展规划，标志着大湾区建设正式成为国家战略。2017 年 7 月国家发展改革委、广东省人民政府、香港特区政府、澳门特区政府共同签署了《深化粤港澳合作　推进大湾区建设框架协议》，为大湾区建设确立了行动纲领、明确了重点任务、描绘了蓝图。2019 年 2 月，中共中央、国务院印发了《粤港澳大湾区发展规划纲要》，并发出通知，要求各地区各部门结合实际认真贯彻落实。

通过对两份顶层设计的政策主体进行比较分析，发现两份政策的差异较为显著，主要表现在政策主导层面。长三角区域成立推动长三角一体化发展领导小组，统筹指导和综合协调长三角一体化发展战略实施，研究审议重大规划、重大政策、重大项目和年度工作安排，协调解决重大问题，督促落实重大事项，全面做好长三角一体化发展各项工作。领导小组办公室设在国家发展改革委，承担领导小组日常工作。而中央在制定大湾区发展的具体政策和措施的过程中，与广东省人民政府和香港、澳门特区政府加强沟通，坚持用法治化、市场化方式协调解决大湾区合作发展中的问题。广东省人民政府和香港、澳门特区政府要在相互尊重的基础上，积极协调配合，共同编制科技创新、基础设施、产业发展、生态环境保护等领域的专项规划或实施方案并推动落实。国家发展改革委要会同国务院港澳事务办公室等有关部门对本规划实施情况进行跟踪、分析、评估，根据新情况、新问题研究提出规划调整建议，重大问题及时向党中央、国务院报告。这主要是由于粤港澳大湾区三地存在行政壁垒，政府间协同性较低，因此无法通过构建领导小组直接负责统筹工作，而需要三地政府共同商议。

3.4.3　政策工具

如图 3-4 所示，基于"战略层—综合层—基本层"的政策工具层级特征，本书发现《长江三角洲区域一体化发展规划纲要》与《粤港澳大湾区发展规划纲要》在政策工具选择使用上呈现出层级性的差异特征。一方面，两份文件存在着共性特征，即在政策工具的选择层面，战略层选择以制度体系为主要政策工具，树立宏观政策导向，并在综合层、基本层围绕战略层目标实施相应支撑措施。另一方面，根据政策制定的总体目标差异化，在综合层及基本层层面上的政策工具的选择使用亦有所偏向。《长江三角洲区域一体化发展规划纲要》在综合层的政策工具选择以宏观目标规划、理念引导为主。这与《粤港澳大湾区发展规划纲要》以具体产业发展目标有所不同。在基本层的政策工具的选择使用上，长三角既使用财政扶持、基础建设、公共服务供给等政府推动型工具，又兼顾使用基金设立、应用推广、产学研融入等市场激励型政策工具。相比之下,粤港澳大湾区则更多的是注重使用基础设施(示范区建立)、公共服务、科学技术支持等为主的政府推动型工具。这在一定程度上取决于粤港澳三地的差异化行政管理体系,仅选择采用市场化的政策工具不能从根本层面促进三地的产业协同发展,因此需要以政府推动型政策工具加以宏观引导。

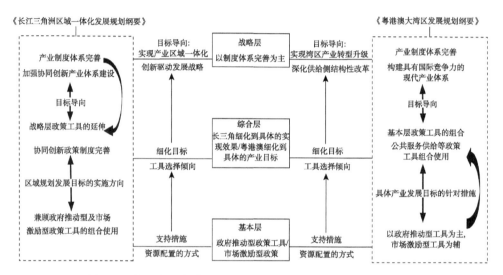

图 3-4　长三角及粤港澳大湾区新兴产业政策工具的结构层次

3.4.4　政策目标

　　《长江三角洲区域一体化发展规划纲要》的战略目标是加强协同创新产业体系建设。深入实施创新驱动发展战略,走"科创+产业"道路,促进创新链与产业链深度融合,以科创中心建设为引领,打造产业升级版和实体经济发展高地,不断提升在全球价值链中的位势,为高质量一体化发展注入强劲动能。与之对比,《粤港澳大湾区发展规划纲要》是构建具有国际竞争力的现代产业体系。深化供给侧结构性改革,着力培育发展新产业、新业态、新模式,支持传统产业改造升级,在产业导向上以先进制造业和现代服务业为主,在增长导向上以占据产业链和价值链高端为主,瞄准国际先进标准提高产业发展水平,促进产业优势互补、紧密协作、联动发展,培育若干世界级产业集群。由战略目标可以看出,二者均站在创新角度,探索产业协同的发展新模式。长三角产业侧重于通过创新链与产业链的融合,创新驱动产业协同发展。粤港澳大湾区则强调培育新产业、新模式,构建新型产业协同体系。

3.5　粤港澳大湾区新兴产业政策存在的主要问题

3.5.1　缺乏统一的产业领导机构

长三角地区能够通过统一的领导机构来协调产业发展中的重大问题。但由于粤港澳大湾区三地存在行政壁垒，政府间协同性较低，因此虽然国家层面成立了粤港澳大湾区建设领导小组，但该领导小组不能直接决策相关的重大事项，仍需要粤港澳三地政府共同商议，而协商的解决机制可能导致决策效率的降低，不能有效推动粤港澳大湾区新兴产业重大改革事项尽快落地。

3.5.2　政策工具和目标关联模糊

政策执行的过程实际上是政策目标层层分解的过程，而这种政策目标的分解过程会受到政策工具的具体性和可操作性的影响，继而影响政策目标与其子目标之间的匹配程度，并对政策工具的选择产生间接性影响。目标规划、资金补贴、税收优惠、信贷扶持等都是政府常用的产业政策工具，更有政府通过产业政策工具的组合使用，从而达到其产业政策目标。如《深圳文化创意产业振兴发展政策》鼓励文化与科技融合等新兴业态的文化创意企业发展，经领导小组审定，每年发布 10 家优秀新兴业态文化创意企业，专项资金给予每家最高不超过 50 万元创新奖励等财政扶持措施。但粤港澳大湾区整体规划目标层层分解落实至省、市、区层面的政策目标有所不同，而各地方政府执行政策所选择的工具使用不同。当政策工具与政策目标呈现多元化时，有可能导致政策工具与目标关联的模糊性。

3.5.3　产业补贴存在弱化市场机制的风险

财政补贴是产业政策最常使用的政策工具，其资金的主要来源是地方政府财政支出，这会产生两大不利影响。首先，随着粤港澳大湾区的加速发展，政府用于产业补贴的支出快速增加，补贴范围覆盖生产、流通、消费各个环节和众多的产业领域。产业补贴规模膨胀意味着大量财政收入集中配置到产业经济领域，挤占了用于社会发展和民生改善的资金。财政支出结构的大幅倾斜将不利于粤港澳大湾区的整体发展。其次，政府向企业提供财政补贴，旨在鼓励企业科技创新、技术进步和提升绩效等。在实际操作过程中，尽管政府补贴的确扶持了一些新产品开发力度较大或全要素生产率较高的企业，推动了新兴产业发展，但也通过深化补贴保护了部分亏损企业或生产率低、市场竞争力弱的企业（邵敏和包群，2011），这将逐步弱化市场在资源配置中的决定性作用，导致政府决策代替市场选择，不利于新兴产业市场的良好发展。

3.5.4　产业政策导向的资源配置不均

产业政策导向的资源配置不均首先表现在地区与产业不均衡。不同地方政府对同一新兴产业类别的补贴力度不同，同一地方政府对不同新兴产业类别的补贴力度也有所不同。政府支持的产业将获得更大力度的补贴、税收优惠、信贷扶持，这将造成新兴产业结构发展的不平衡，这种不平衡性在很大程度上取决于地方传统产业结构的特性。《粤港澳大湾区发展规划纲要》将湾区内的城市群依据城市区位、功能定位等因素划分了多个产业集群带，如珠江西岸的先进装备制造产业带、珠江东岸的电子信息产业带。这将导致同质型产业在政策扶持力度大的地区集中发展。其次表现在企业间不均衡。企业获得政府资助通常需满足一定的条件，特别是在政府研发资助方面，其条件限制较高，相较于获得资助的企业，未获得资助的企业在创新发展方面可能滞后于前者。此外，由于低生产率的企业易获得政府的技术支持、税收优惠等扶持政策，这将严重影响战略性新兴产业市场退出机制的正常运作，进而导致大量生产资源囤积于低生产率企业，使其不能有序退出市场，高生产率企业因此难以获得资源支持，从而使产业资源不能得以有效配置（张龙鹏和汤志伟，2018）。

3.5.5　产业政策与配套政策缺乏联动

粤港澳大湾区的新兴产业政策体系已逐步构建，包括产业发展规划、园区管理、资金扶持、法规制度等文件相继出台。但新兴产业的发展还需要技术人才、资本、基础设施等生产要素的集聚。虽然大湾区各地针对新兴产业发展目标的相关政策已有相对成熟的政策文本，但粤港澳三地的新兴产业的生产要素则停留在制度改革、目标制度的层面，没有更明细的专项管理办法。而广东的地级市则更进一步深化至产业园区的管理办法层面，对于政策的客体有更加针对性的实施办法。如《中山市文化创意产业园区管理办法》则是中山市加强文化创意产业园区的建设和管理，引导当地文化创意产业园区转型发展的重要举措。但并不是管理办法就解决了所有问题，如《中山市推进科技创新人才集聚项目管理办法》就未充分考虑人才引进措施要与产业体系需求相结合。因此，促进新兴产业的发展需要及时完善相关配套的制度政策，以保障产业的稳定发展。

3.6　本 章 小 结

本章基于政策主体、工具与目标的分析框架，比较研究粤港澳大湾区 2010 年及以后颁布的新兴产业政策。研究发现：广东的产业政策主要由广东省人民政府颁布，同时强调与港澳合作，香港的产业政策主要由广东省人民政府、香港特区政府共同颁布，澳门的产业政策主要由澳门特区政府颁布且与粤港合作程度较低；粤港澳三地随着新兴产业发展阶段的变化不断适时调整产业政策工具的使用，但均强调环境型工具的使用；粤港澳三地在宏观层面上的产业政策战略目标较为一致，但在微观层面上呈现地方差异性。基于政策文本分析，发现粤港澳大湾区新兴产业政策存在缺乏统一的产业领导机构、政策工具和目标关联模糊、产业补贴存在弱化市场机制的风险、产业政策导向的资源配置不均、产业政策与配套政策缺乏联动等主要问题。

第 ❮ 4 ❯ 章

粤港澳大湾区新兴产业发展的
创新支撑体系

创新是新兴产业高质量可持续发展的动力和源泉。粤港澳大湾区新兴产业面临被国外"卡脖子"的根本原因还是在于科技创新能力的不足。因此，本章将深入分析粤港澳大湾区新兴产业发展的创新支撑体系，从创新投入、创新合作、创新平台、创新产出、创新转化等方面系统评估大湾区科技创新的发展情况。

4.1　粤港澳大湾区科技创新发展的总体情况

4.1.1　发展基础

1. 创新投入

1）研发投入强度接近主要科技强国水平

粤港澳大湾区研发经费投入不断增长。2018 年大湾区研发经费投入 2794.2 亿元，2019 年为 3187.3 亿元，2019 年相比 2018 年增长了 14.1%，实现了两位数的增长速度。从湾区内各个城市的情况来看，2018~2019 年每个城市研发经费投入均有不同程度的增长。除香港、中山、肇庆外，其他城市均保持了两位数的增长速度。

从研发经费投入强度看（研发经费投入占 GDP 比重），2019 年粤港澳大湾区研发经费投入强度为 2.75%，比 2020 年全国平均水平（2.4%）还高 0.35 个百分点。如果将大湾区放在如图 4-1 所示的 28 个国家中，大湾区的研发经费投入强度排在第 9 位，接近美国和芬兰的水平，高于法国、英国、新加坡、加拿大等国的水平。

2）全国重大创新载体重要聚集地

笔者整理了北京、上海和粤港澳大湾区的国家大科学装置情况。其中，北京

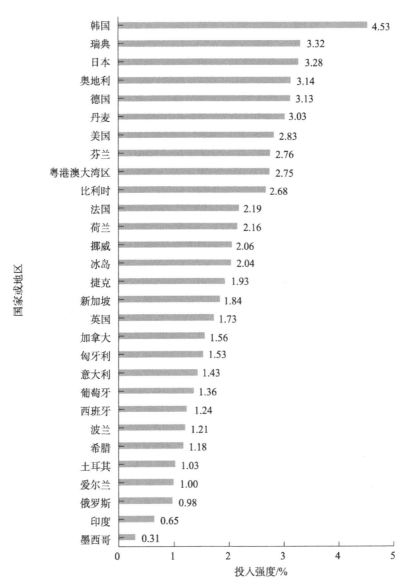

图 4-1   粤港澳大湾区研发经费投入强度的国际比较
资料来源：《中国科技统计年鉴》、《香港创新活动统计》、联合国教科文组织统计研究所
粤港澳大湾区数据为 2019 年，国家数据为 2018 年

建成 9 个，上海建成 5 个，粤港澳大湾区建成 6 个。除已建成外，粤港澳大湾区在建的大科学装置 5 个，一旦全部建成，大湾区将成为全国大科学装置的重要聚集地。大湾区大科学装置涉及新一代信息技术、海洋科学、物理学、生物学等基础研究和应用基础研究领域，说明大湾区重大创新载体在逐步成型，从而进一步推动大湾区原始创新能力的提升。

2. 创新网络

1）国内外创新网络广泛

利用 CiteSpace 软件采集了 web of science 平台上收录的粤港澳大湾区 SCI（science citation index，科学引文索引）论文发表数据。经过对数据的分析发现：2012~2020 年，有 500 多家研究机构的科研人员参与了粤港澳大湾区的科技创新，其中包括 281 家内地研究机构、18 家港澳研究机构、289 家海外机构。粤港澳大湾区科技创新网络具有十分高的延展性，网络的中心机构数量多。中国科学院、中山大学、华南理工大学、深圳大学、香港大学、香港理工大学等机构的合作网络搭建能力强，为区域创新提供了良好的结构基础。部分海外顶尖科学和技术研究机构如麻省理工学院、佐治亚理工学院等在网络中围绕在香港高校周围，形成了稳定的科研合作关系。因此，港澳在整个创新网络中起着关键的桥接内地与海外的作用，同时对接国内、国外两个方面的创新资源。

2）湾区内创新合作迎来新局面

大湾区利用香港较强的基础研究能力、深圳浓厚的创新创业氛围、广州的科教资源，积极打造湾区协同创新链，着力推进"广州—深圳—香港—澳门"科技创新走廊建设。从粤港澳三地的创新合作来看，2020 年广东向港澳开放 1 万多台大型科学仪器，累计跨境拨付财政科研资金 1.5 亿元，与港澳合作新建 20 家联合实验室，吸引近 200 位院士和 40 余位港澳科学家到广东工作（马兴瑞，2021）。与此同时，港澳与广东的主动合作也在加强。《2019 年香港创新活动统计》的数据显示，香港企业的创新合作伙伴中有近 30%来自粤港澳大湾区（香港除外），说明香港企业与大湾区内地具有紧密的创新合作关系。

3. 创新产出

1）前沿科技创新多点迸发

粤港澳大湾区科创发展的基础稳固，向前沿领域的创新探索均建立在已有的优势基础上。通过大湾区发表的 SCI 论文分析大湾区的热点学科领域，发现 2013~2020 年新涌现的热点研究领域均与既往重点研究领域有直接联系，新研究前沿的涌现较为稳定和可预期，说明粤港澳大湾区的知识系统正在逐步演化成熟，有持续的创新产出能力。同时，大湾区科创方向布局完善，在数学、物理和化学等基础科学，以及材料科学、生物医学、电信电子、能源与动力和计算机科学等方面均有聚集性的研究力量，具备实施多学科交叉研究的潜力。

2）科技创新产出规模不断扩大

从 SCI 论文发表的情况来看，如图 4-2 所示，大湾区发表的 SCI 论文从 2016

年的 57 056 篇次上升到 2019 年的 91 255 篇次，2020 年发表的 SCI 论文数量较 2019 年有所下滑，可能是受新冠疫情的影响，但总体来看，2016~2020 年，大湾区 SCI 论文篇次年复合增长率为 11.71%，保持了两位数以上的快速增长。一般来说，人口聚集的区域产生科技创新的概率会更大，因此为消除城市人口规模所带来的影响，图 4-2 还汇总了每万人拥有的 SCI 论文篇次[①]。如图 4-2 所示，大湾区每万人拥有的 SCI 论文篇次从 2016 年的 8.39 篇次增加到 2020 年的 11.97 篇次，年复合增长率为 9.29%。

图 4-2　粤港澳大湾区发表的 SCI 论文篇次

资料来源：作者通过大数据采集平台在 web of science 上采集

在分析大湾区各城市发表的 SCI 论文时，报告使用的单位是篇次而不是篇，因为对于合作发表的论文，各城市分别统计了一篇

3）"深圳—香港—广州"成为全球重要科技集群

世界知识产权组织发布的《2020 年全球创新指数》显示，在以 PCT[②]国际专利申请量和科学出版物为核心评价指标的科技集群中，京津冀、长三角和粤港澳大湾区三大城市群的核心城市都跻身了"全球十大科技集群"，其中粤港澳大湾区的"深圳—香港—广州"名列全球第二，仅次于日本东京—横滨；京津冀的"北京"位列全球第四，长三角的"上海"则位列第九。粤港澳大湾区的"深圳—香港—广州"之所以能傲视首尔、北京、上海、旧金山、纽约等区域，是因为 PCT 专利数量惊人，达到了 72 259 件，显著超过了"北京+上海"，是"北京+上海"的近 2 倍。深圳—香港—广州科技集群在全球 PCT 国际专利申请总量中的份额为

---

① 利用粤港澳大湾区 SCI 论文篇次除以年末常住人口数得到。

② PCT 是《专利合作条约》(Patent Cooperation Treaty) 的英文缩写，是有关专利的国际条约。区域的 PCT 专利数量可以反映一个区域的创新实力及区域内企业或机构参与国际竞争化的程度。

6.9%，在全球科学出版物总量中的份额为 1.37%。

4. 成果产业化

1）科技创新与区域经济融合程度不断加深

大湾区积极推动极点带动的区域创新格局，以香港、澳门、广州、深圳四个地区作为区域科技创新发展的核心极点引领粤港澳大湾区建设。强化轴带支撑区域创新体系，加速形成协同创新格局。推进"广州—深圳—香港—澳门"科技创新走廊建设。加快中新广州知识城、深圳光明科学城、东莞中子科学城、佛山三龙湾高端创新集聚区等重点创新平台建设。不断完善粤港澳创新合作发展平台，推动创新平台在人才流动、财税、政策创业、科技法制等方面创新试点。深化河套深港科技创新合作区、南沙粤港深度合作园和珠海横琴粤澳深度合作区的科技创新体制改革先试先行，将其打造成为具有重大创新牵引能力和经济带动能力的区域创新发展区。

2）高校科技成果转化实现加速度

从广东的情况来考察大湾区高校的科技成果转化，《广东高校科技创新能力报告》的数据显示，2017~2019 年，广东高校横向合同总金额分别为 22.40 亿元、25.29 亿元、30.94 亿元，保持平稳增长的态势；以转让、许可、作价入股方式转化合同总额分别为 1.89 亿元、3.20 亿元、9.44 亿元，合同总额持续性高增长。与此同时，科技成果转化项目呈现出分布行业广泛的特点。从转化数量看，成果转化主要集中在生物制药（27%）、装备制造业（23%）、化学化工（17%）、电子信息（8%）等领域。从转化金额看，成果转化收益主要集中在生物制药（30.0%）、装备制造业（29.7%）、新材料（18.1%）等领域。

4.1.2　典型经验

1. 以完善的法律政策体系为支撑，推动创新能力不断提升

一是积极推动科技创新政策地方立法，各部门协同推进科技创新体系建设。广东积极推进科技创新地方立法，加强科技创新法治保障。2011 年广东省人民代表大会常务委员会审议通过了《广东省自主创新促进条例》，以法规的形式明确鼓励研究开发，奖励创新成果，加强成果转化与产业化，重视创新型人才建设与服务，完善激励与保障措施。2012 年，通过了《广东省民营科技企业管理条例（2012 修正）》，进一步加强对企业的鼓励与扶持，重视科技企业的管理。2012 年 7 月，根据新情况第一次修正了《广东省自主创新促进条例》，2016 年 3 月，广东省第十二届人民代表大会常务委员会对《广东省自主创新促进条例》进行了第二次修

正，从职务创新成果转化奖励比例、科技项目人力资源成本费、科技新业态新载体、大型科学仪器设施共享服务平台、鼓励和支持大众创新创业等方面，进一步规范健全相关制度和机制，加强了支持力度。例如，针对科研项目人头费偏低问题，2016 年的条例把承担项目人员的人力资源成本费，由原来的 30% 调至为 40%，软科学研究项目、社会科学研究项目和软件开发类项目从 50% 提高到 60%。随着《粤港澳大湾区发展规划纲要》的出台，2019 年 9 月广东省第十三届人民代表大会常务委员会对《广东省自主创新促进条例》进行了第三次修正，增加了推进粤港澳大湾区建设和支持深圳建设中国特色社会主义先行示范区的相关内容，首次在立法层面对产权激励进行原则性规定，首次在地方立法层面对科研伦理进行规范，与前两次修正相比，人力资源成本费用占比不再受限制。以上《广东省自主创新促进条例》的不断变化和完善，体现了广东省在创新法律法规方面的不断进步与完善，对支撑创新能力提升和推进创新发展意义重大。

二是强化完善科技创新政策体系，逐步推进粤港澳大湾区科技创新协同发展。2006 年以来，广东科技创新工作大胆探索、先行先试，在全国率先陆续出台系列指导性重大创新政策举措，创新创业环境不断优化，引领我国科技体制改革深化。中国共产党广东省委员会、广东省人民政府及各部门陆续出台各项政策文件，形成完备的科技创新政策体系框架（表 4-1）。2006 年，出台《广东省促进自主创新若干政策的通知》，从宏观部署了科技投入、税收政策、金融支持、知识产权、创新环境等方面的工作。此后，又陆续出台《广东自主创新规划纲要》《广东省建设创新型广东行动纲要》，进一步明确科技创新的战略定位，探索建立开放型区域自主创新体系，不断深化科技体制机制改革创新，包括推进财政资金过境港澳使用，支持港澳高校和在粤机构稳定承担国家重大科研项目等，深入推进粤港澳及国际科技合作等。近十年，广东省不断加大科技创新顶层设计，加大创新政策先行先试，落实国家在激励企业研发、扶持高新技术企业、发展创业投资、加速成果转移转化、经营性领域技术入股、创新人才激励等方面的系列政策，加快建设创新驱动发展先行区和国际一流的创新创业中心。同时，陆续出台了系列支持和鼓励粤港澳大湾区科技创新发展、促进科技成果转移转化的系列文件，有力推动了广东省与港澳的科技合作。如广东省人民政府以 2019 年一号文件的形式及时出台了《关于进一步促进科技创新的若干政策措施》，为推动构建灵活、高效的粤港澳合作机制提出了一系列具有改革性、开放性和普惠性的政策措施。另外，香港和澳门也出台了鼓励港澳加强与广东省科技创新和创新人才交流合作的政策措施。香港特区政府通过与民间机构合作，为在大湾区创业的香港青年提供创业补助、支援、辅导、引路及孵化服务，并与广东省人民政府合作，成立大湾区港澳青年创新创业基地联盟，建立一站式的宣传与兼容平台，支持香港平台创业者到大湾区发展、落户。澳门特区政府通过举办大湾区青年论坛等，让澳门青年到内地交流学习，为他们创新创业做好准备。

表 4-1　2006~2018 年广东省科技创新政策颁布主体情况（单位：项）

颁布部门	发文总数	单独颁布	联合颁布	其中牵头颁布
广东省人民代表大会常务委员会	3	3	0	0
广东省人民政府	25	25	0	0
广东省人民政府办公厅	31	31	0	0
广东省科学技术厅	61	43	18	8
广东省财政厅	13	1	12	6
广东省发展改革委	11	9	2	0
广东省人力资源和社会保障厅	5	1	4	2
广东省公安厅	1	1	0	0
广东省教育厅	6	3	3	0
广东省科学技术协会	4	3	1	1
广东省委组织部	1	0	1	1
广东省商务厅	1	0	1	0
国家税务总局广东省税务局	1	0	1	0
广东省经济贸易委员会	2	0	2	0
广东省知识产权局	1	0	1	0
广东省质量技术监督局	1	0	1	0
广东省人民政府金融工作办公室	1	0	1	0
广东省工商行政管理局	1	0	1	0

注：2018 年 10 月广东省知识产权局、质量技术监督局和工商行政管理局已被整合进广东省市场监督管理局

三是基于《国家中长期科学和技术发展规划纲要（2006—2020 年）》中关于科技体制改革与创新体系建设的目标，不断细化完善科技创新各领域政策体系。《国家中长期科学和技术发展规划纲要（2006—2020 年）》强调要进行科技体制改革、推进国家创新体系建设，主要目标包括：支持鼓励企业成为技术创新主体，深化科研机构改革，建立现代科研院所制度，推进科技管理体制改革，全面推进中国特色国家创新体系建设等。基于此，广东省也相应出台了《广东省中长期科学和技术发展规划纲要（2006—2020 年）》，并陆续出台有针对性贯彻落实国家部署、细化科技创新的政策文件（图 4-3），覆盖范围广、指导力度大，不仅涉及深化科技计划（专项、基金等）管理改革实施方案、珠江三角洲地区科技创新一体化行动计划、科技创新促进粤东西北地区加快发展实施方案等综合类政策举措，

而且涉及促进科技和金融结合的实施意见、科技金融支持中小微企业专项行动计划、科技金融产业融合创新发展重点行动、发展科技股权众筹建设众创空间促进创新创业的意见等科技金融类政策举措。此外，出台了系列支持和鼓励粤港澳大湾区科技创新发展、促进科技成果转移转化的政策文件，高标准完成了《国家中长期科学和技术发展规划纲要（2006—2020 年）》中关于科技体制改革与国家创新体系建设的目标。广东省科技创新政策类型形式多样（表 4-2），主要包括条例法规、发展规划、意见、管理办法、实施细则、规范规定等六种类型，每种类型下又涵盖多种具体文种，类型丰富。

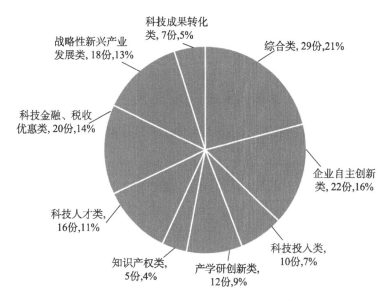

图 4-3　2006~2018 年广东省科技创新政策文件类型分布
资料来源：广东省人民政府网、广东省科学技术厅、广东省发展改革委、广东省科学技术协会等官网

表 4-2　2006~2018 年广东省科技创新政策类型分布情况

政策类型	涵盖内容	数量/项	占比/%
条例法规类	条例	3	1.52
发展规划类	规划、计划、纲要等	7	3.55
意见类	意见、实施意见、指导意见	29	14.72
管理办法类	措施、实施方案、行动方案、管理办法、实施办法、考评办法等	97	49.24
实施细则类	实施细则、通知等	58	29.44
规范规定类	规定、行为规范等	3	1.52

2. 以市场导向推动产学研一体化，企业主体作用显著增强

大湾区充分发挥市场在资源配置中的决定性作用，避免行政政策对市场中科技创新活动的过分干预，通过有效引导和服务，搭建科研成果和企业以及市场之间的桥梁，高新技术企业快速发展。无论从科技活动人员数量、科技活动经费支出，还是发明专利申请量来看，企业在大湾区科技创新活动中的主体作用均十分显著。2017年，粤港澳大湾区（除港澳外）高新企业中参与科技创新活动人员的数量达到129.4万人，超过广东省科学研究与试验发展人员数（56.53万）的两倍，与此同时非大湾区高新企业科技活动人员数仅有6.83万人。另外，高新企业的科技活动经费投入达3627.36亿元，大幅超过广东省科学研究与试验发展经费支出（2343.63亿元）和非大湾区高新企业科技活动经费支出；在发明专利申请方面，大湾区高新企业主体作用依然明显，2017年发明专利申请量达到11.93万件，接近广东省非高新企业专利申请量（6.09万件）的两倍。

3. 以科技资源集群布局为抓手，推动形成区域创新新格局

粤港澳大湾区注重加强科技资源的集群化布局建设，以充分发挥其规模化效应。截至2018年，湾区共有大学170余所，其中全球排名前100名大学5所，居全国第一位，科技研究机构3万余家，已建成国家级重点实验室50余家，其中包括3家位于澳门和15家位于香港的国家级重点实验室，省部级重点实验室223家，国家级科技企业孵化器92家，大科学装置6个，在数量上略高于上海（5个），在建大科学装置5个，初步形成了在全国具有较大影响的大科学装置集群。同时，大湾区共有9个国家级高新技术开发区，总体规模和集群化布局均明显优于北京和上海。截至2018年，大湾区内国家级高新技术企业总数超过1.89万家，居全国第一位，广东省27家独角兽企业全部位于湾区范围内，有华为、腾讯等世界级创新企业；目前，大湾区已初步形成以高等院校、大科学装置、重点实验室、高新技术开发区、高新技术企业等为主体的区域创新新格局，区域创新资源集群效应逐步显现。

4. 以开放理念集聚全球创新资源，区域创新活力持续增强

长期以来，粤港澳大湾区骨子里就带着开放和国际化的基因。作为中国科技创新的前沿之地，大湾区始终持续加速集聚全球创新资源。香港一直都是高度开放的自由港。作为我国改革开放窗口和试验田的深圳，一直走在我国改革开放的最前沿，"来了就是深圳人"鲜明体现了深圳包容、开放、活力的城市精神。

积极吸引国内外高等院校、科研机构。在鼓励国内外高等院校、大学在大湾

区设立分院、分中心、分校等的同时，也鼓励和支持境外投资者来广东设立研发机构和研发中心。2015 年广东省出台了《关于支持新型研发机构发展的试行办法》。深圳已经组建了包括深圳格拉布斯研究院、深圳市中光工业技术研究院暨中村修二激光照明实验室等在内的 10 所诺贝尔奖科学家科研机构。同时，大湾区在创新创业人才引进上力度非常大，制定了一系列吸引外来人才的政策措施，为未来发展奠定了坚实的人才储备基础。科学而开放的体系、优质而共享的资源、交融共生的包容环境，推动着粤港澳大湾区不断成为国际化创新湾区，区域创新活力不断增强。

5. 以优化创新创业生态为依托，助推新兴经济不断涌现

创新生态系统是粤港澳大湾区发展的驱动力。大湾区不断完善优化创新生态系统，在提升科技创新能力的同时，着力推动新技术、新模式、新业态、新产业"四新"经济发展。积极优化完善公平竞争的市场环境、营商和法制环境、政策环境等创新创业环境。着力推动创新要素集聚发展，强化科技创新技术、人才、资金等资源支持，提升大学、科研机构、企业等主体创新能力，形成了科研院所、企业、大学、金融机构等紧密连接的复杂创新网络。积极优化区域创新合作模式。利用香港较强的基础研究能力、深圳浓厚的创新创业氛围、广州的科教资源，积极打造湾区协同创新链，着力推进"广州—深圳—香港—澳门"科技创新走廊建设。企业创新主体作用不断增强，凭借华为、中兴、腾讯等一批高科技企业，激活了整个区域的创新活力。2018 年广东省的新经济增加值占 GDP 比重达到 25.5%。国家级高新技术企业数量超过 4 万家，总数、总收入、净利润等均居全国第一。

4.1.3　存在的主要问题

1. 粤港澳三地科研规则对接还不够顺畅

粤港澳大湾区科技创新交流合作成果斐然，但在科研规则对接上还不够顺畅，主要表现在：第一，在科研项目申请主体上，三地科研资金申请尚未全面开放，且申请成功后经费使用受行政区域限制；第二，粤港澳三地财政科研经费管理制度差异大，广东省以科技发展专项资金和重大科技成果产业化基金为主，香港以创新及科技基金为主，澳门则以科学技术发展基金为主，三地管理模式不同；第三，知识产权认证和保护规则不同，目前三地知识产权法、专利法不尽相同，不仅在知识产权的取得、利用、管理和保护四个环节存在规范冲突，而且在保护对象、保护期限、权利的取得方式、执法模式等方面存在较大差异，且不能自动互认（陈楚霞，2020）。

2. 湾区内部研发经费投入不均衡

如图 4-4 所示,从研发经费投入角度来看,粤港澳大湾区内部创新资源分布呈现不均衡的特征,这会在一定程度上制约大湾区整体科技创新实力的提升。2019年,深圳研发经费投入达 1328 亿元,占大湾区研发经费投入的 41.7%,位居湾区首位,而广州研发经费投入仅约为深圳的 50%,其他城市的研发经费投入明显低于深圳和广州。值得关注的是,香港研发经费投入强度为 0.92%,澳门的仅为0.22%。如果不包括香港和澳门,2019 年大湾区研发经费投入强度为 3.4%,比长三角地区高 0.56 个百分点,在图 4-1 所示的国家或地区中排第 2 位。但是,如果进一步加入香港和澳门,大湾区研发经费投入强度则下降为 2.75%,略低于长三角地区 0.01 个百分点。由此可见,进一步加强香港和澳门的科技创新投入,对于支撑大湾区建设国际科技创新中心具有重要的作用。

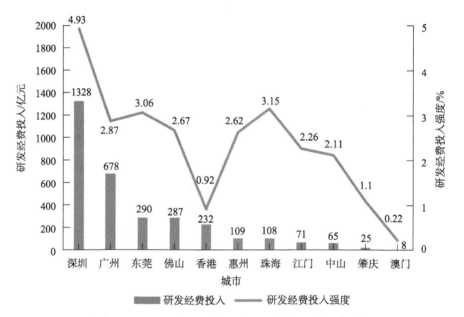

图 4-4　2019 年粤港澳大湾区研发经费投入及强度

资料来源:《广东省科技经费投入公报》、《香港创新活动统计》、联合国教科文组织统计研究所

3. 基础研究经费投入不足

由于港澳、广东省内珠三角以外的城市研发经费投入规模不大,相应地基础研究经费投入规模也很小,因此这里利用广东的基础研究投入作为替代来考察粤港澳大湾区的基础研究经费投入。如图 4-5 所示,2019 年大湾区基础研究经费占

研发经费的比重为 4.6%。与全国水平、北京、上海，以及主要创新型国家相比，大湾区基础研究经费占研发经费比重都处于一个偏低的水平。从大湾区内的两个核心城市广州和深圳来看，2020 年广州、深圳基础研究经费占研发经费比重分别为 13.9%、3.3%，可见广州基础研究经费占比已经接近发达创新型国家水平，但深圳基础研究经费占比还低于大湾区的平均水平。整体来看，大湾区基础研究经费投入还不足。随着技术和经济发展水平的提升，大湾区需要进一步加大基础研究投入，才能满足未来经济发展的创新需求。

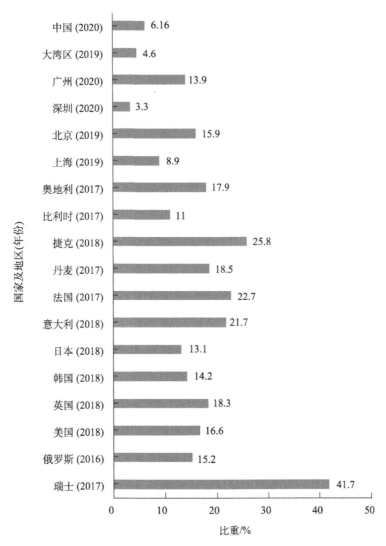

图 4-5　粤港澳大湾区基础研究经费占研发经费比重的国家及地区比较
资料来源：《中国科技统计年鉴》、相关新闻报道

4. 高水平科研机构和创新平台短板明显

科技创新平台是集聚创新要素、实施创新活动、转化创新成果的核心载体。对于高水平科研机构大院大所，如国家重点实验室、院士工作站等，粤港澳地区的数量较少，总体上缺乏高水平科研机构与创新平台，导致科技创新缺乏高端人才的"蓄水池"、研发力量薄弱，研发活动的可持续性与规模效益降低。与京津冀和长三角地区相比较，京津冀和长三角地区实验室总数量接近全国的 2/3，是粤港澳地区国家重点实验室数量的 9 倍。粤港澳地区国家重点实验室数量分布与其区域经济发展水平极不相称。同时，与北京、江苏、浙江等地区的创新平台相比，广东省国家级平台数量偏少，且平台类型单一，主要为研发平台，缺乏技术咨询、交易平台，平台运行机制不够完善，公共服务能力不强。

5. 大湾区内地高校的创新合作领导力欠缺

社会网络分析中度数中心度反映了创新者在创新网络中的影响力、控制力和领导力。通过 web of science 平台采集论文数据，应用度数中心度分析发现：以哥伦比亚大学、加利福尼亚大学洛杉矶分校、明尼苏达大学等为代表的海外高校虽然发表的论文数量较少，但论文中心度高，在创新合作中具有较高的领导力。港澳高校在论文数量和领导力上处于一个居中的位置。然而，中山大学、华南理工大学等大湾区内地高校，虽然发表的论文数量多，但中心度低，这意味着湾区内地高校在引进海内外研究资源进行合作研究方面还存在创新合作领导力欠缺的短板。

4.2　粤港澳大湾区科技创新平台布局及运行机制优化

4.2.1　粤港澳大湾区科技创新平台建设的战略意义

1. 科技创新平台的内涵及功能特征

平台的概念最早是由美国西北大学教授 Meyer 提出的，即平台是由一组亚系统和界面组成的，可以有效开发和生产出相关产品的共有结构，实际上可以看作一系列"软""硬"要素的集合体。之后，学者先后提出了产品平台和技术平台的概念。美国竞争力委员会 1999 年在题为"走向全球：美国创新新形式"的研究报告中首先提出了创新平台的概念，认为创新平台是指创新基础设施及创新过程中不可或缺的要素，如资本条件、法律法规、市场准入、知识产权保护等。欧盟委员会在 2003 年提出了欧洲技术平台的概念，即在有着重大经济影响和社会意义的战略领域，自下而上地将创新过程中的利益相关者（产业界、学术界、政府部门、立法机构、消费者等）聚集在一起，共同确定这些战略领域的研发重点、期限和行动计划（即战略研究议程），进而建立面向全欧洲的重要创新计划，通过法律、组织、经济、社会、技术工具的创新来实施这些战略领域的重要创新计划，以实现未来欧洲经济增长、工业竞争力增强及社会可持续发展。科技创新平台是国家创新体系的重要组成部分，在国家科技研究和技术发展中具有重要作用，我国从 2004 年开始大力推动建设国家科技基础条件平台，中共中央、国务院印发的《国家中长期科学和技术发展规划纲要(2006—2020 年)》指出，"科技投入和科技基础条件平台，是科技创新的物质基础，是科技持续发展的重要前提和根本保障"。基于此认识，国家大力推进"国家研究实验基地""大型科学工程和设施""科学数据与信息平台""自然科技资源服务平台"等建设，将科技创新平台建设作为推进创新发展的有力抓手。

虽然不同国家对科技创新平台的定义有所差异，但科技创新平台一般都具有如下功能特性。一是资源集聚性。科技创新平台整合、集聚大量科技资源，为科技创新活动提供基础支撑和保障。二是功能协同性。科技创新平台各相关主体在资源整合、开放共享、研究开发、服务创新等方面，优势互补、全面合作，具有很强的协同性。三是运行开放性。科技创新平台对外开放共享，提供资源、技术和信息等服务。四是机制创新性。科技创新平台在资源整合、管理模式、运行机制、开放服务等方面都结合实际，创新体制机制，各具鲜明特色。五是载体多样性。科技创新平台有复杂多样的名称，"平台、中心、基地、实验室、网、台站"都可以是其具体的表现形式。

2. 科技创新平台的主要类型

科技创新平台的类型可以有不同的划分方法。从科技创新的环节划分，可以有服务于研究与开发的重点实验室等基础条件平台，服务于科技成果商用化的工程中心、中试基地等，服务于科技产业化的科技企业孵化器、科技园等；从创新平台建设的主体划分，有政府主办、企业主办、社会机构主办以及多方联合设立运营的平台；从科技创新的要素划分，可以有技术转移平台、人才平台、资本平台等；从平台所处的地域划分，可以有国际层级、国家层级、区域层级等。表4-3给出了按照科技创新的环节划分的科技创新平台基本分类。尽管可以从不同视角对科技创新平台进行分类，但核心内容基本都是相同的，即都是为科技创新活动提供服务和支撑，以提升创新能力为发展目标。

表 4-3　科技创新平台基本分类

类型	所属资源	功能特性	依托单位	服务对象	典型实例
科技研发实验平台	综合性（按领域目标整合各类型科技资源）	研发创新为主，以及开放服务	高等学校、科研院所为主	企业、高等学校、科研院所等	国家重点实验室、国家大科学工程等
科技基础条件平台	专业性（分类型整合科技资源）	开放服务为主，以及科研条件研发	科研院所、高等学校为主	高等学校、科研院所、企业等	大型仪器设备共享平台、科学数据共享平台等
技术创新服务平台	综合性（按产业目标整合各类型科技资源）	围绕技术创新，开展研发和资源服务	产学研多方联合共建	企业	集成电路、纺织等产业技术创新服务平台
科技公共服务平台	专业性或综合性	开放服务为主	高等学校、科研院所为主	社会公众为主	中国数字科技馆、农村三级医疗卫生服务平台等

资料来源：陈志辉. 2013. 科技创新平台内涵特征与发展思考[J]. 科技管理研究，(17): 34-37

3. 粤港澳大湾区科技创新平台建设的必要性

现代科学研究日益拓展，学科分化和交叉融合并进，重大科技成果的产生、产业化关键技术的攻关、重大原始性创新的突破、优势学科的发展、高层次人才的培养等越来越依赖于一流研究实验与工程化技术开发支撑体系。粤港澳大湾区要建设成国际科技创新中心，必须要有高水平的科技创新载体和平台作为支撑。而粤港澳大湾区现有的科技创新平台显然无法满足科技创新与新兴产业发展需要。因此，粤港澳大湾区科技创新平台建设具有迫切需要，主要体现在以下方面。

第一，粤港澳大湾区科技创新平台建设有利于提升区域创新能力。科技创新平台建设既是粤港澳大湾区创新体系建设的重要组成部分，又是经济、社会、科技可持续发展的重要基础和必要条件，建设科技创新平台将在提升粤港澳大湾区区域创新能力，建设"广州—深圳—香港—澳门"科技创新走廊，打造大湾区国际科技创新中心等方面发挥作用。

第二，粤港澳大湾区科技创新平台建设有利于深化科技管理体制改革。科技创新平台建设不仅是物理上的平台建设，也往往伴随着科技组织管理模式等方面的革新转变。建设粤港澳大湾区科技创新平台有助于推动政府科技管理部门从过去主要抓科研项目，转向抓项目和建公共服务平台并重，最终转向主要向社会提供公共产品和优质服务，实现科技管理体制新的跨越与创新。

第三，粤港澳大湾区科技创新平台建设有利于促进创新资源的优化配置和开放共享。科技创新平台是促进科技资源高效配置和综合利用的有效方式，能够对科技基础条件资源进行战略定位和系统优化。粤港澳大湾区科技创新平台建设能够有效改善大湾区创新创业环境，增加专业化公共服务的有效供给，降低创新创业的成本与风险，提高科技创新资源的使用效率，营造公平、宽容的科技环境。

第四，粤港澳大湾区科技创新平台建设有利于推动区域内产业结构升级。科技创新平台建设是推进产业创新的战略重点，是转变经济增长方式的重要基础。构建粤港澳大湾区科技创新平台，将有助于促进重大基础研究成果产业化，支撑产业向中高端迈进，实现粤港澳大湾区产业结构升级。

第五，粤港澳大湾区科技创新平台建设有利于加强区域内以及国际科技创新合作交流，提升粤港澳大湾区的科技创新中心地位。一方面，粤港澳大湾区科技创新平台建设将促进粤港澳三地科研人才的合作交流，形成人才资本和创新资源的集聚效应，有利于大湾区创新效益的最大化；另一方面，粤港澳大湾区科技创新平台建设将吸引更多的国际创新人才来大湾区进行合作交流，有助于提升粤港澳大湾区的科技创新中心地位。

总之，科技平台建设是粤港澳大湾区创新体系的重要组成部分，是提升粤港澳大湾区全球要素资源配置能力、实现新兴产业战略升级的必然选择。

4.2.2　国内外科技创新平台建设经验启示

粤港澳大湾区科技创新平台建设正在如火如荼进行中，但如何搭建创新平台，如何开放政策空间，如何发挥合作机制，如何将创新成果转化为产品，如何评价创新机制等，仍然面临着诸多难题。国内外部分地区在这方面已先行一步，其打造科技平台的经验值得借鉴。

1. 国外的科技创新平台建设

自 1990 年以来，世界各国都纷纷采取措施，加强科技平台建设。围绕创新能力的提升，发达国家十分重视以实验室、研究中心、园区等为依托的科技平台对经济社会发展的支撑和引领，纷纷加大投入力度，加强顶层设计和统筹规划，不断提高公共科技设施的利用效率和科技成果产业化运用的成功率。美国、德国、日本等把加强研究基地与基础设施建设作为抢占战略制高点，在世界范围内争夺研究人才，增强国家综合竞争力的物质保证。

1）美国的科技创新平台建设

美国的科技创新平台属于政府引导型，由企业、高校、科研机构、政府及其他机构等组成。政府在其中的作用主要是引导，通过制定科技创新政策、法规、计划等引导科技创新发展方向，为科技创新营造良好环境。平台的经费一部分来源于政府设立的专项资金，另一部分来自企业投入配套。建设国家实验室和研究中心是美国政府加强科学研究的重要手段，目前美国联邦政府有约 700 家国家实验室和研究中心，其中主要分布在国防部、能源部、健康与人类服务部、农业部和美国国家航空航天局等单位。美国国防部拥有 87 家实验室。1995 年国防部用于研发、测试和评估的经费为 360 亿美元，占当年国防预算的 14%。2005 年国防部的研发经费已达到 703 亿美元，占当年国防预算的比例超过了 17.5%。能源部拥有 9 家多学科实验室和 14 家专门实验室。这些实验室多分布在全美的各个大学中。1995 年在这些实验室工作的科学家和工程师超过 47 500 人，经费为 85 亿美元。近十年来经过改革，人员精减为 30 000 人，2005 年的经费为 89 亿美元。健康与人类服务部在医学方面的研究主要由国立卫生研究院（National Institutes of Health，NIH）承担，截至 2022 年 NIH 拥有 27 个研究所和研究中心。据统计，2005 年 NIH 的政府研发预算已达 273 亿美元，其中约 20% 的经费由院内的研究所和中心完成。NIH 自成立以来，其直属研究机构产生了 6 位诺贝尔奖得主，院外资助项目获得诺贝尔奖的有 90 多个。截至 2021 年 4 月，美国国家航空航天局除华盛顿总部外，在全国有 10 个研究中心和 4 个实验基地。2005 年雇员人数超过 28 500 人，预算为 113 亿美元，是全美最大的研究综合体。

2）德国的科技创新平台建设

德国科技创新平台是典型的政府引导、市场化运作模式。平台成员由企业、高校、科研机构、行业组织、银行等构成。创新平台采取公司化管理模式，实现运行机制市场化、服务对象社会化、绩效考核科学化。政府并不直接参与创新平台建设，但通过政府投入、法律政策等方式引导平台发展，以此整合创新资源，促进创新主体间的合作，加速科技成果的扩散和产业化。德国科技创新平台的最大特点是形成紧密的官产学研用结合体系，史太白体系就是这方面的典型代表。该体系由基金会、技术转移中心、咨询中心、研发中心、史太白大学及其他参股企业组成。史太白体系早期的资助主要来自巴符州政府，后来，州政府改变直接拨款的资助方式，通过政府采购服务给予项目支持。为体现政府对科技创新的意图，史太白基金会理事会理事由巴符州州长府及科技等内阁部门、州议会党团代表担任（占一半以上席位），他们负责制定基金会章程及服务准则。史太白体系充当了科技与产业之间的桥梁，将德国雄厚的科研力量和高端制造业有机结合起来，加速了技术转移，促进了科技界和产业界的良好互动。从科研布局上看，德国科研机构呈金字塔形排列，从上到下依次为：大型研究中心（相当于美国的国家实验室）主要从事跨学科、长周期、需要大型科研装备的尖端技术和"大科学"研究，是围绕大型实验设备形成的全国性研究中心；高等院校、马普学会等主要从事创新导向型基础研究；弗朗霍夫学会主要从事技术导向型应用研究；而工业企业和私人研究机构主要从事产品导向型应用研究。这一四级配置的科研体系，堪称分工明确、成龙配套、运转自如、相辅相成。与此科研体系相适应，德国建立了较为合理的科技管理体制。

3）日本的科技创新平台建设

日本的科技创新平台属于政府主导型，以高校、科研机构、大企业为主体实行联合开发，强调产学研合作，经费主要来源于政府投入。目前由各省厅分别建立的一些主要的基础资源中心如下：①科技厅。理化学研究所：高等动植物细胞、基因、微生物的保存、系统收集及分发。日本原子能研究所：核放射种质资源。②文部省。构建了学术标本、生物遗传基因、高精度实验动物中心。③厚生省。人类科学振兴财团：人及动物的细胞、遗传基因收集。国立医药品食品卫生研究所：医药及食品试验、检测、卫生标准。④农林水产省。布局了 DNA（deoxyribonucleic acid，脱氧核糖核酸）信息中心。⑤通商产业省。计量标准中心：物理标准等 76 个国家计量标准。生物资源情报解析中心：蛋白质解析，微生物的寄放、分发。工业产品评价技术中心：8000 种化学物质、人类特性评价、产业基础数据库。⑥邮政省。组建了国家电波标准中心。日本政府还十分重视科研信息情报基础建设，除了大规模投入信息情报基础设施建设外，还加强了与美国化学文摘服务社、德国卡尔斯鲁厄专业信息中心、国际科学情报网等国际网络和数据库的联系，目前已经可以向国内的研究机构提供近 200 个国外的数据库服务。另外，日本政府也十分注重提高科研设备的使用效率，采取了一系列措施，对由政府投入的试验设备都制定了相应的使用条例。

2. 国际湾区的科技创新平台建设

世界一流湾区都不约而同地强化了科技创新平台的建设，这些湾区不仅是高等教育高地，也是科学技术高地，集聚了国内外高校、重大科学装置、前沿科技创新平台、高科技企业等优质资源。纽约湾区、旧金山湾区、东京湾区在科技创新平台建设方面积累了宝贵的成功经验。

1）纽约湾区的科技创新平台建设

在纽约湾区建设国际科技创新中心的过程中，政府发挥了突出作用，特别是在建设科技园、加强要素保障、强化政策支持等方面。同时，纽约湾区的金融资本优势也扮演了至关重要的角色。"政府+资本"构成了纽约湾区建设国际科技创新中心的典型模式。具体表现在四个方面。一是政府投资建设科技园区培育科技企业。纽约市政府实施"应用科学计划"，建成全美首个政府投资规划的大学园——康奈尔科技园，以此为载体，积极引进知名大学，投资 20 亿美元建设大学园区和初创企业孵化器，培育科技企业。二是政府强化土地、人才等要素保障为企业创新服务。为鼓励科技创新，纽约市政府免费向应用科学和工程学院的大学提供土地,投资 1 亿美元用于基础设施建设。纽约市政府颁布"纽约人才草案",帮助企业招揽信息、工程人才,针对医疗、环保核心领域,实施人才培养计划。三是政府联合金融资本实施融资担保,强化资金保障。纽约市政府联合华尔街金融资本、风投公司等,实施"小微企业贷款担保计划",开展小微企业融资担保。设立"纽约创业投资基金",强化对创业企业的支持。成立纽约战略投资集团,为企业提供个性化金融解决方案。四是政府主动减税降费优化企业创新环境。湾区政府实施一系列优惠政策鼓励创新,实施房地产税特别减征 5 年计划、曼哈顿能源计划,免除商业房租税,开展企业电费优惠,分年度实施梯次减税和优惠。实施"创业纽约计划",100%减免新创企业税收。

2)旧金山湾区的科技创新平台建设

旧金山湾区充分发挥高校资源优势,以斯坦福大学为代表的高校为湾区科技创新提供人才、技术支撑,参与科技园建设,促进科技成果转化。政府加大科技研发投入,促进产业化,形成了"大学+政府"的典型模式。具体表现在四个方面。一是高校参与科技创新园建设。斯坦福大学在校内创建斯坦福研究园,吸引科技企业聚集,加速科技成果向企业转化,并为学生创新创业提供理想的平台和空间。二是高校为企业创新提供人才。斯坦福大学最为典型,其毕业生创建了惠普、苹果、雅虎等知名企业,这些企业产值占湾区总产值的 50%~60%。三是高校提供技术支撑并主动产业化。1970 年斯坦福大学成立技术授权办公室,负责管理斯坦福的知识产权资产,统一为学校内的各项科研成果申请专利,并把这些专利授权给工业企业,有力促进了科技成果的产业化。四是政府支持高校和实验室,利用政府采购等政策促进创新成果产业化和新产品应用。政府重点支持研究型大学和国家重点实验室建设,强化资金投入,鼓励科技研发。通过政府采购加快新产品的产业化应用,如采购集成电路、计算机最新产品等。

3)东京湾区的科技创新平台建设

东京湾区成立日本科学技术振兴机构,加大科研项目资金投入,促进专利成果产业化。企业坚持基础性研究和应用性研究并重,给予人才充分的研究自由,形成了"第三方机构+企业"的典型模式。具体表现在三个方面。一是日本科学技术振兴机构持续加大对科研项目的资金支持,其经费主要来源于政府拨款,向政府重点培育的战略性科研项目提供资金支持,团队资助 1.5 亿~5 亿日元(折合 907 万~3023 万元人民币),也直接资助企业研究人员,人均资助 3000 万~4000 万日元(折合 180 万~240 万元人民币)①,受益者中已有 4 位诺贝尔奖得主。二是日本科学技术振兴机构构建专利数据库促进成果产业化。日本科学技术振兴机构将其

---

① 为 2019 年 3 月汇率。

支持的项目录入超大型数据库内，让缺少研发能力的企业在数据库中寻找专利，在科研成果与产业化应用之间架起桥梁。三是企业给予了科技创新人员充分的研究支持。日本的基础科研多集中在企业，企业给予科研人员充分的自由，大企业的技术研发方向十分广泛，科研人员可按照自己的兴趣开展研究工作。

3. 国内科技创新平台建设

2004 年后，以国家平台建设为引导，各地陆续启动了形式各异和功能多样的科技创新平台建设。从广东、江苏、浙江、上海、重庆五省市科技创新平台建设的情况看，地方平台建设已基于国家科技基础条件平台建设纲要的要求做了有益的拓展和延伸，不仅注重整合科技资源建设科技基础条件平台，同时也对平台进行了较为宽泛的理解，更偏重对研究开发、创新创业和成果转化等的平台建设，紧密结合地方科技、经济与社会发展的特点和需要，形成平台建设不同的定位、目标和方向。各地在实践中摸索出一些具有特色的科技创新平台建设模式。

1）直接面向产业服务的多方共建模式

广东省科技厅组织和支持建立的各类产业科技创新平台包括五种组建形式：一是省市两级政府与中国科学院联合共建，如中国科学院广州生物医药与健康研究院等；二是省科技厅、市政府与中国科学院相关研究所联合共建，如广东电子工业研究院等；三是省科技厅、市区政府支持，由相关科研机构、大学等联合共建，如华南家电研究院、华南精密制造技术研究开发院等；四是由各地市政府与中国科学院联合共建，如广州工业技术研究院、中国科学院深圳先进技术研究院等；五是由省科技厅支持，相关科研机构或大学联合共建，如广东省材料检测与评价科技创新平台。

2）实体组织和虚拟组织相结合模式

实体组织如浙江省现代纺织技术及装备创新服务平台，以绍兴轻纺科技中心为牵头单位，浙江理工大学、浙江大学共同参加，成立了"浙江省现代纺织工业研究院"，其中轻纺科技中心占 50%的股份，浙江理工大学占 30%的股份，浙江大学占 20%的股份。虚拟组织如浙江省新药创制科技服务平台，现有的四家创建单位以科研项目和科技服务为纽带形成产学研联盟，每个创建单位，通过虚拟的联合，使新药创新链上的各个环节环环相扣，形成了信息高度畅通、既独立又联合的技术联盟关系，为制药企业提供相关服务。四家创建单位各自承担药学、药效学、毒理学、天然药物等四个子平台的建设和运行。

3）多纽带链接的建设模式

上海研发公共服务平台建设模式具有多样化的特征，即应用了链式、分布式、市区联动模式、孵化器模式、公共服务模式以及加盟模式等多模式建设。上海生物医药专业技术服务平台是链式建设模式的典型代表，该平台组建了线上的"上海生物医药产业技术功能型平台"门户，不单独设立统一的实体平台，而由分布在生物医药研发产业链上、具有不同分工的 16 家研究中心共同组成。在针对不同科研项目时，由具有不同职能的中心自由组合、联合申请。科学数据共享系统具有明显的分布式特点，平台整合了上海地区各类离散的科学数据资源，建立了多个数据中心和众多的数据库，而这些数据库是分布在不同的单位来提供数据共享服务的。市区联动模式是，结合上海市政府培育"一区一新"特色产业集群的战略规划，上海市科学技术委员会统筹专业孵化器、园区和公共服务平台布局，由市、区联合推动，建立具有行政区经济特色的平台。

4）产学研合作的共建模式

江苏省引导优势科技资源向企业聚集，全面部署高校、院所在企业中建设重点实验室，支持企业重点实验室建到高校校园，将高校、院所的智力资源优势与龙头企业的产业优势紧密结合，以产业引导应用基础研究；重庆市整合高校、科研院所和企业的优势科技资源，共建产业（中试）基地，以成果共享、利益分享的方式，联合开展关键共性技术的攻关，形成较为完善的产学研联盟和成果转化机制；浙江省在科技创新平台建设实践中得出的结论是，与高校科研院所关系越紧密的平台，就办得越好。

4. 建设经验启示

国内外科技创新平台建设比较成功的国家及地区的经验表明：国际一流科技创新平台具有高端要素高度集聚、企业培育能力强、专业化分工明确、政策开放度高等特点，打造国际一流科技创新平台、形成创新增长极是实现创新驱动发展的宝贵成功经验。这些经验对粤港澳大湾区科技创新平台建设具有一定的借鉴意义。

1）发达国家政府不断加大科技平台建设的投入

发达国家科技发展的经验表明，科技平台建设是一个国家科技创新能力建设的基础。许多发达国家认为加强科技平台建设是抢占战略制高点、在世界范围内争夺研究人才、增强和保持国家综合竞争能力的物质保证。因此，长期以来发达国家持续投入大量资金进行国家科技平台建设；同时，也要求这些科技平台必须为国家目标服务，体现国家意志。美国已建成世界上最先进的科技平台，但美国政府依然不断加大对科技基础设施的投入，以获取更大的科研生产力。英国政府通常把加强一流科技基础设施作为最为优先的任务，历届政府用于大学科学研究基础设施的投入呈现逐年递增的趋势。日本政府从 20 世纪 90 年代开始，把完善科技平台建设作为科技体系改革的重要内容。通过增加科技预算以及国会特别拨款等手段加强科技平台建设。

2）政府主导统筹规划，建立和完善共享制度

促进科技信息共享，为科技发展改善基础条件是各个国家的重要职责，已经得到联合国教科文组织和世界大多数国家政府的认可。2003 年 12 月联合国教科文组织主办的"科学在信息社会中的作用"大会一致认为：各国政府应该在增强科技能力建设方面起到主导作用；其中有形资源建设和科学信息共享是能力建设的重要内容。美国在 20 世纪 90 年代以来进一步强化联邦政府在科技基础设施建设中的主导作用，为创造开放的环境，实施了"国有数据完全开放与共享"国策，并建立了配套措施。

3）建立成功的产学研用或官产学研用运行模式

产学研用或官产学研用合作模式是平台成功运行的关键。企业始终是创新平台建设的主体，负责市场化运作创新平台，为平台提供配套资金，促进科技成果的资本化、市场化。高校、科研机构也是平台重要的参与方，与企业共同进行技术开发；政府是平台运作的重要指导者，为平台提供一定的资金支持，必要时与企业一起组成战略联盟，日本政府在平台建设中的作用非常突出，形成了具有代表性的官产学研用模式，如日本政府出台了《大学技术转移促进法》《产业技术力强化法》《加强产学官合作开展共同研究的指导方针》《外国人才引进法案》等来促进产学研合作，还开发了各种商业计划，创造商业机会，鼓励产学研三方加入到创新平台中来。

4）科技平台建设与人才培养紧密结合

拥有完善科技基础设施的各类科技平台均把培养科技人才作为一项十分重要的战略任务。美国历来重视通过科技平台吸引和培养科技人才，特别是注重利用国家实验室培养高级专业人才，第二次世界大战以来共有 185 位美国科学家获得诺贝尔奖，占世界同期获奖总人数的一半以上。事实上，发达国家通过其先进的科研条件使一批重要的实验室成为全球优秀人才的集聚地和培养基地，从而使其能够更好地利用全球的科技人才资源。此外，发达国家都重视利用"实验室开放日"活动和网络环境开展科普教育，作为提高国民科技素质的重要手段，如英国剑桥大学卡文迪什实验室每年要向数千名中学生和社会公众进行科学前沿研究的普及型讲解和演示。

5）科技平台建设同重大科技突破相互促进

各国政府及科技界为提高科技竞争能力都十分重视充分利用现代技术手段，

改进和建设科技基础设施。这些先进的科技基础设施，又支撑并促进了重大科技的突破。例如，美国和日本纷纷建立超级计算机系统，开展大规模高性能数值模拟计算，已经成为对发展科学技术具有战略重要性的研究手段。欧美等发达国家，十分重视网络技术在科技领域的应用与发展，雄心勃勃地安排了诸如 e-Science 之类的计划，力图把科学观测仪器系统、实验仪器系统、计算机系统、数据库系统联结为一体，实现资源共享与远程使用。粒子加速器及大型粒子探测器的发展过程则典型地揭示了基础设施与科技突破间相得益彰的关系。一方面，这些设施的建设和发展得益于大量高技术的进步与突破，如大功率微波技术、高精度磁场获取技术、高精密电源技术、超高真空技术、自动控制技术、海量数据获取传输和处理技术等。另一方面，粒子加速器及大型粒子探测器的发展又对这些高技术的进一步突破起到了巨大的带动和推动作用。

6）坚持自主建设与寻求多种形式的国际合作相结合

发达国家都尽可能地自主建设科技基础设施，特别是对于事关国家安全与特殊重大战略需求的大型设施，以保证国家安全与自身科技研究工作的基本需要。人类共同面临的许多重大科学问题的解决远非一个国家的能力所及，旨在解决这些问题的大型科学设施的建设和运行，从一开始就表现出开放性、国际化的特点，并有进一步加强的趋势。2003 年联合国提出缩小"数字鸿沟"的号召，推动科技数据的国际共享。20 世纪后期以来，许多大型科学设施都是通过全面的国际合作建造的，许多新的国际合作计划正在筹划中。已建造或正在实施中的有地球系统科学计划、全球卫星导航定位系统——伽利略计划等。

4.2.3　粤港澳大湾区科技创新平台的建设现状

1. 粤港澳大湾区科技创新平台整体分布

2021 年粤港澳大湾区总共有高等院校数量 186 所，其中广州 83 所，占粤港澳大湾区高等院校总数的 44.62%；香港、深圳、澳门和珠海高等院校在 10 所以上；其他城市的高等院校在 10 所以下。同年，粤港澳大湾区共有 55 家国家重点实验室或伙伴实验室，其中广州、香港和深圳都在 10 家以上，而佛山、中山、江门和惠州没有国家重点实验室；粤港澳大湾区共有国家工程技术研究中心 38 家，其中广州独占鳌头，有 18 家，而澳门、佛山、中山、江门和肇庆没有。粤港澳大湾区共有国家级企业技术中心 77 家，其中广州、深圳和佛山排在前列，香港和肇庆没有，其他城市各有几家。粤港澳大湾区共有国家级科技企业孵化器 64 家，其中广州、深圳、东莞和佛山都在 10 家以上，除澳门以外其他城市都有几家。在工业企业研发机构方面，粤港澳大湾区的内地城市中深圳、东莞、广州和佛山都在

1600 家以上，说明这些城市的企业研发力量比较强。由此可见，在科技基础条件和创新平台方面，广州、深圳和香港科技创新平台资源雄厚，优势明显，其余城市整体科技创新平台资源一般，且差距明显。粤港澳大湾区内部科技创新平台资源分布不平衡是凸显的。

1）香港科技创新平台建设

香港科研实力雄厚，拥有众多的高校研发机构等科技创新平台。香港目前已经拥有五所世界 100 强的高校、40 多位两院院士、16 所国家重点实验室伙伴实验室、6 所国家工程技术研究中心香港分中心。

在 2019 年全球创新指数的基础设施排名中，香港在 129 个经济体中名列第四。香港特区政府于 1998 年公布资讯科技发展蓝图，并据此投资发展各项必要的基础设施，包括注资 50 亿港元成立创新及科技基金；创办由政府资助的香港应用科技研究院；建立香港科学园、数码港及 5 所研发中心。

截至 2021 年底，香港科学园已有超过 1000 家科技公司进驻，并约有 11 000 名研发人员在园内工作。整体而言，科学园重点发展五大科技群组，包括生物医药科技、电子科技、绿色科技、信息交流科技、物料与精密工程；同时，积极推动智慧城市、健康老龄化、机器人技术发展。此外，香港科技园公司成立了附属公司港深创新及科技园有限公司，负责发展在落马洲河套地区的港深创新及科技园，以发挥港深互补优势，共同构建具有集聚效应和协同效应的河套深港科技创新合作区。

数码港由香港特区政府全资拥有，是一个创意数码社区，云集了超过 1500 家的科技企业。数码港的愿景是成为全球创新及科技枢纽。同时，为推动本地经济发展，数码港一直致力履行各项使命，包括培育数码科技界的初创公司及企业家，推动协作以集中资源及缔造商机，以及推行策略发展计划及合作，促进数码科技普及化。

2006 年，在政府推行的香港研发中心计划下，5 所研发中心在香港成立，旨在策划及统筹选定核心技术范畴的应用研发工作，推动研发成果商品化及技术转移。这 5 所研发中心分别是：汽车零部件研究及发展中心、香港资讯及通信技术研发中心、香港纺织及成衣研发中心、香港物流及供应链管理应用技术研发中心、香港纳米及先进材料研发院。

2）澳门科技创新平台建设

澳门科技创新平台建设起步较晚，但发展很快。澳门科技的发展从特区政府在 2000 年制定科技政策纲要、2002 年成立科技委员会和 2004 年成立科技发展基金作为里程碑有了突破性的改变，在 2005 年又签署成立内地与澳门科技合作委员会和内地进行更紧密的合作，2010 年澳门在科技部支持下获批成立中药质量研究和模拟与混合信号超大规模集成电路两个国家重点实验室，把澳门科研提升到另一个层次。2011 年通过澳门科技奖励规章更好地鼓励和认可科技人员的努力与贡献，同年又增补企业创新研发资助鼓励产学研合作加快产业转化等，大力推动了澳门科技创新发展。2018 年 7 月，科技部再次批准在澳门设立智慧城市物联网和月球与行星科学两所国家重点实验室。国家重点实验室的设立，使澳门在相关领域有了更好的研究条件，吸引了一批海内外优秀科研人员，也培养了本地科技人才，大幅度地提高了澳门科研能力和研究水平，使得澳门在有关科技领域取得突破，对澳门科技及高等教育发展具有重要意义。

3）广州科技创新平台建设

广州集结了广东省 70% 的科技人员和 95% 的博士。2019 年末，广州县级及以上国有研究与开发机构、科技情报和文献机构 186 家。在穗院士人数 51 人，其中中国科学院院士 22 人和中国工程院院士 22 人，以及国外、境外机构获评院士 7 人。国家重点实验室 20 家，省级重点实验室 237 家，市级重点实验室 165 家。工程技术研究开发中心 813 家（国家级 18 家，省级 548 家）。国家级孵化器 36 家，国家级孵化器培育单位 31 家。全市累计有认定的高新技术企业 12 174 家。国家级、省级大学科技园 8 个。建成华南规模最大的科技企业孵化器集群。广州天河二号超级计算机曾经获得全球超级计算机六连冠。中国和新加坡合作在广州设立中新国际联合研究院，美国冷泉港实验室落户广州，美国斯坦福国际研究院在广州设研究院。

4）深圳科技创新平台建设

深圳科技创新平台建设，起步于深圳经济特区建立之初，早期主要以检测服务为主。在 20 世纪 90 年代中后期，随着深圳高新技术产业的崛起，进入以重点实验室和企业研发中心为重点的建设阶段。在 21 世纪之初，深圳市委、市政府提出了加快建设科技创新平台体系的指示，并投入高比例研发资金用于科技创新平台建设，使得深圳市各类科创平台数量逐年增加。目前深圳市科技创新平台体系已经初具规模，形成了一定的系统支撑能力。

截至 2019 年末，深圳全市有各级创新载体 2257 个，其中，国家级重点实验室、工程实验室和技术中心等创新载体 116 个，部级创新载体 604 个，市级创新载体 1537 个。深圳主要科研机构或园区包括深圳高新技术产业开发区、深圳虚拟大学园、中国科学院深圳先进技术研究院、国家超级计算深圳中心（深圳云计算中心）、深港创新圈。

2019 年 8 月，《中共中央 国务院关于支持深圳建设中国特色社会主义先行示范区的意见》明确以深圳为主阵地建设综合性国家科学中心，使得深圳成为全国仅有的四个综合性国家科学中心之一，综合性国家科学中心作为国家科技领域竞争的重要平台，是国家创新体系建设的基础平台。《中共中央　国务院关于支持深圳建设中国特色社会主义先行示范区的意见》也强调，支持深圳建设 5G、人工智能、网络空间科学与技术、生命信息与生物医药实验室等重大创新载体，探索建设国际科技信息中心和全新机制的医学科学院；加强基础研究和应用基础研究，实施关键核心技术攻坚行动，夯实产业安全基础；在未来通信高端器件、高性能医疗器械等领域创建制造业创新中心等。截至 2020 年，深圳已建成未来网络基础设施、深圳国家基因库和国家超级计算深圳中心等科技基础设施，另有空间环境地面模拟装置深圳拓展设施、空间引力波探测地面模拟装置、脑解析与脑模拟重大科技基础设施、合成生物研究设施、多模态跨尺度生物医学成像设施、材料基因组平台等在建。

5）东莞科技创新平台建设

东莞十分重视科技创新平台建设，近年来以创新主体、载体平台、成果转化以及科技金融产业深度融合等为主线，优化科技资源布局，并出台了许多新型研发机构的扶持政策，使得科技创新平台建设取得了不错的效果。截至 2018 年，全市各级重点实验室和工程技术研究中心新增 98 家，累计总数达 600 家，其中国家级 2 家，省级 396 家，市级 202 家；省市级新型研发机构累计总数达 58 家，其中省级 25 家，市级 33 家；引进省级创新科研团队立项 6 个，总数达 36 个；市级创新科研团队 38 个；科技企业孵化载体 111 家，其中国家级 15 家；众创空间 74 家。

创新人才队伍建设稳步推进。通过实施高层次人才引进计划，至 2016 年底，共引进 3000 多名高层次人才，设立博士后工作站 25 个、院士工作站 9 个，培养博士、硕士 580 多名；累计引进省市创新科研团队数量 53 个、创新创业领军人才 55 个，快速形成了学科优势、领域前沿高地和产业人才优势。

国际合作与交流平台建设深入推进。与国内 100 多个高校院所建立了产学研合作关系，组建 31 个省部产学研示范基地、10 个省部产学研创新联盟、21 个省级以上国际科技合作基地。专业镇创新平台特色明显，截至 2016 年底，累计建设 3 个专业镇创新服务平台和 12 个专业镇技术创新平台，认定 34 个省级技术创新专业镇。

6）珠海科技创新平台建设

珠海以珠三角国家自主创新示范区为主平台，努力打造粤港澳大湾区创新高地，以科技创新促进全市经济高质量发展，在科技创新平台方面取得显著成效。自 2008 年以来，珠海市已先后引进无机合成与制备化学、电子薄膜与集成器件、精细化工、软件工程、光电材料与技术、高分子物理与化学共 6 个国家重点实验室的分支机构。截至 2019 年 12 月，珠海市共有各类工程技术研究中心 416 个，其中国家级 4 个，省级 284 个，市级 128 个。共有省、市级科技创新公共平台（包含新型研发机构）37 个，其中省级 17 个，市级 20 个。共有各级别科技企业孵化器 33 个，其中，国家级 10 个，省级 7 个，市级 4 个，其他已备案 12 个。各级别众创空间 34 个，其中国家级 12 个，省级 5 个，市级 7 个，其他已备案 10 个。珠海有院士工作站 7 个，博士后工作站（基地）53 个（全市 53 个）。

　　7）江门科技创新平台建设

　　江门科技创新资源缺乏，科技创新平台数量处于珠三角城市的后半段。2015 年，江门颁布"1+8"科技政策，以增强企业自主创新能力为主线，全面深化政产学研合作，大力推进科技创新平台建设。截至 2019 年，江门市建成国家级创新平台 6 家；省级创新平台 394 家，其中省级工程技术研究中心 342 家；市级创新平台 1667 家。规模以上工业企业研发机构覆盖率达 56.53%，全省排名第一。在创业平台的搭建上，截至 2019 年 12 月，江门市建有国家级双创基地 2 个，省级基地 9 个，市级小微双创基地 29 个，众创空间 35 家。其中，珠西创谷从 2017 年开始运营，是广东省首批 4 家粤港澳台科技企业孵化器之一，港澳台及海外青年创业的企业占在孵企业比例高达 40%。

　　8）肇庆科技创新平台建设

　　肇庆市科技创新资源基础薄弱，创新平台建设严重不足。近年来，肇庆围绕产业创新发展需求，实现产业核心技术和关键共性技术重点突破，积极推动产学研合作，鼓励企业与高校、科研院所、新型研发机构全面对接，培育和发展一批重点实验室、企业技术中心、工程技术中心等创新平台。

　　研发创新平台建设方面，2019 年 8 月，广东省政府批复肇庆市启动建设"岭南现代农业科学与技术广东省实验室肇庆分中心"，肇庆实现重大科技基础设施布局建设零的突破。同年 10 月，华农（肇庆）生物产业技术研究院获批认定为省级新型研发机构。成立 3 年左右，该研究院就实现了从市级新型研发机构到省级新型研发机构的飞跃。截至 2019 年，肇庆市级以上新型研发机构总数达 20 家，其中省级新型研发机构 5 家；现有省级以上创新平台新增 17 家，总计为 214 家。此外，肇庆加速孵化育成体系构建，2019 年科技企业孵化器新增国家级 1 家、市级 6 家，全市科技企业孵化器达 40 家，其中高水平科技企业孵化器达 26 家，包括国家级 3 家、省级 3 家、市级 20 家；众创空间 19 家，其中高水平众创空间 5 家，包括国家级 3 家、省级 2 家。

　　9）中山科技创新平台建设

　　中山市在珠三角国家自主创新示范区建设的引领下，以高新技术企业培育、新型研发机构、孵化育成体系、企业技术改造、高水平大学建设、自主核心技术攻关、创新人才队伍、科技金融结合等八大举措为主要内容，形成了涵盖国家级创新平台、新型研发机构、孵化器、众创空间、院士工作站等形式的中山市科技创新平台体系。截至 2018 年，中山市共有市级以上科技企业孵化器及众创空间 65 家，其中，国家级孵化器 5 家，国家级众创空间 5 家，省级国际科技企业众创空间 2 家，省级孵化器 11 家，省级众创空间 10 家。2018 年中山市新增认定市级工程中心 169 家、省级工程中心 60 家，省级工程中心累计达 325 家。到 2018 年底，全市拥有市级以上创新科研团队 38 个，院士工作站 8 家，国家级创新平台（及分支机构）11 家，市级协同创新中心 27 家。约 20% 的全市规模以上企业设立了研发机构。

10）佛山科技创新平台建设

佛山科技创新资源较为薄弱，科技创新平台相对较少。2012 年佛山启动建设国家创新型城市的相关工作。随后，佛山在省级创新平台、国家级孵化器和众创空间等方面也呈现较快增长。截至 2017 年，佛山已有省级创新平台 629 个，国家级孵化器和众创空间共 38 个，省级重点实验室数量达到 21 家，共有各级工程中心 2170 家，其中省级工程中心 628 家，省级工程中心数量全省第二，市、区级企业研究院、工程中心、企业技术中心等合计超过 1800 家。另外，佛山将以国家实验室为目标，立足佛山、扎根广东、支撑粤港澳大湾区，打造国内一流、国际高端的战略科技创新平台。规划建成增材制造实验室、机器人与先进控制实验室、生物制造实验室、全光制造实验室、精密仪器与智能装备实验室、先进设计与协同实验室等 9 个实验室。

11）惠州科技创新平台建设

惠州市科技创新平台建设与珠三角其他城市相比差距较大，新型研发机构、研发投入等也不足。在粤港澳大湾区建设的当下，惠州在打造"2+1"现代产业集群中持续发力，加大科技创新与研发力度，在创新平台建设方面成效初显。2018 年惠州市建成北斗开放实验室惠州分实验室。中国科学院"两大科学装置"顺利推进。设立诺贝尔奖获得者工作站 1 个，新增院士工作站 2 个，新组建省级工程中心 59 家。同时，惠州市新一代工业互联网创新研究院完成组建并开始运营，核孔膜创新研究院、哈工大国际创新研究院正式落地，与广东石油化工学院签署战略合作协议，共建高水平石化产业协同创新平台。同时，省级新型研发机构达到 10 家，它们孵化的企业达到 58 家，成果转化和技术服务收入达 2.28 亿元。

2. 粤港澳大湾区科技创新平台建设的 SWOT 分析

SWOT 分析即优势（strength）、劣势（weakness）、机遇（opportunity）和威胁（threat）分析，从根本意义上说是一个决策过程，即对与研究对象紧密相关的优势、劣势、机遇及威胁进行分析，并采用系统分析的方法将各因素进行匹配研究。通过 SWOT 分析能够对粤港澳大湾区科技创新平台建设所处的环境和发展形势进行深入的分析，充分认识、掌握并发挥自身的内部优势和有利条件，抓住和利用外部环境变化所提供的机遇，同时弥补自身的内部劣势，回避或减轻外部不利因素和环境威胁的影响，从而扬长避短促进粤港澳大湾区科技创新平台更好地构建。表 4-4 给出了粤港澳大湾区科技创新平台建设的 SWOT 分析。

表 4-4　粤港澳大湾区科技创新平台建设 SWOT 分析

发展优势	发展劣势
科技创新平台基础良好 粤港澳大湾区产业链条完善 国际化水平相对较高	大湾区科技创新平台建设顶层设计不够 大湾区科技创新平台分布结构不合理 大湾区内部科技创新平台集成能力低 科技创新平台管理体制与运行机制有待完善
发展机遇	发展威胁
全世界科技创新和产业革命风起云涌 国家层面的战略规划 粤港澳三地政府层面的鼎力支持	国外其他湾区科技创新平台建设的竞争 国内其他城市群科技创新平台建设的竞争 面临日趋复杂的国际环境

1）粤港澳大湾区科技创新平台建设的优势

虽然粤港澳大湾区科技创新平台建设是一项复杂、艰巨的系统工程，但也具备一些优势，主要体现在以下方面。

第一，粤港澳大湾区现有的创新资源为科技创新平台建设提供了基础。粤港澳大湾区科技创新资源处于全国领先地位，香港有多家世界级大学，基础研究实力雄厚；澳门在部分领域的科技力量走在国际前列，广州、深圳也有多所国内一流、国际知名的高等院校。《2019 年全球创新指数》显示，"香港—深圳"创新集群连续多年位列全球创新集群排行榜第二，大湾区富集的创新资源为构建大湾区科技创新平台创造了良好的基础条件。

第二，粤港澳大湾区产业链条完善，可以为科技创新平台建设提供支撑。大湾区要建设科技创新平台，就必须实行产学研结合。粤港澳大湾区产业链条完善，配套产业齐全，科技成果转化迅速。香港、广州的高等院校和科研院所在科技创新链前端积累了大量的技术和专利成果，深圳已是国际科创成果的孵化基地，香港可提供广阔的投融资平台，珠三角有强大的制造业能力，这些都使得大湾区拥有广阔的科技成果转化市场。

第三，粤港澳大湾区的国际化水平相对较高，有利于吸引国际创新人才加入科创平台构建。香港实施国际自由港政策，拥有健全的司法和知识产权保护制度，能够吸引世界一流的科研人员和科研机构。同时，香港是国际金融中心、国际贸易中心，各类科研资金募集、顶尖科研设备入境等非常便利。澳门与葡语国家联系密切，可以拉动更多葡语国家人才加入到粤港澳大湾区科技创新平台建设中来。

广州、深圳、东莞等珠三角城市的国际化水平也相对较高，这些都有利于粤港澳大湾区科技创新平台建设吸引更多的国际化创新人才。

2）粤港澳大湾区科技创新平台建设的劣势

虽然粤港澳大湾区各类科技创新平台资源丰富，但是这些创新平台在促进科技创新方面依然存在一些问题。

第一，科技创新平台建设顶层设计不够，统筹协调需要进一步完善。目前，粤港澳大湾区各类科技创新平台仍缺乏全局性的整体性规划，科研力量未能形成资源共享、优势互补、联合攻关的合力。湾区内各类科学数据资源的管理和共享服务平台以及管理决策平台没有整体规划建立，仍处于各部门自有，条块分割的局面；有限公共研发资源较分散，资源整合难度大，综合优势难以充分发挥。

第二，科技创新平台空间布局不均衡，结构和领域分布有待调整。粤港澳大湾区科技创新平台主要分布在广州、深圳、香港、澳门等城市，且过度集中于高校和科研院所，存在平台产业布局不合理、地区分布不均衡、部门分布不协调等问题。并且，粤港澳大湾区虽然创新平台数量较多，但在国家实验室、大科学装置上仍然缺席，与粤港澳大湾区的科技产业实力不匹配。此外，粤港澳大湾区国家和部级以上重点实验室主要集中在生命科学领域及地球科学领域等少数几个领域，与粤港澳大湾区已部署的高新技术产业发展方向相比，覆盖面较窄。

第三，大湾区内部科技创新平台集成能力低，开放共享力度不够。粤港澳大湾区内部，高校、科研院所和企业等创新主体联系较弱，凭借自身的创新优势在科技创新活动中各自为战，协同的整体效应没有得到有效发挥。在相对封闭的区域创新体系下，一些科技创新平台缺乏开放、共享理念，对科技创新平台的自身定位认识不到位，导致科技创新平台的开放度不足。这主要体现在以下几个方面：一是拥有丰富科技创新资源的科研院所和高校，缺少将科技资源拿出来开放共享的创新平台建设意识；二是重点实验室、国家工程技术中心等各类科技创新平台开放度有限；三是有着共享科技需求的企业，使用科技创新平台的科技资源意识不足，这种共享需求没有与科技创新平台的供给形成对接。

第四，科技创新平台管理体制与运行机制有待完善，人才和技术力量不足。由于重建设、轻管理的意识长期存在，以及科技平台管理体制机制的限制，目前大湾区科技创新平台运行管理机制尚不完善。尤其粤港澳大湾区科技创新平台在跨区域、跨制度协作机制方面仍然有待完善。事实上粤港澳大湾区已经建立了若干个跨境与跨区的平台的载体，但只有平台和载体是不够的，由于体制机制上的障碍不突破，在粤港澳大湾区的人才、资金、设备都不能跨境自由流动，就不能发挥其巨大价值。此外，在大湾区科技创新平台相关的法制和政策保障机制方面，相关政策配套刚刚起步，还不完善。

3）粤港澳大湾区科技创新平台建设面临的机遇

粤港澳大湾区科技创新平台建设也面临一些难得的历史机遇，主要包括如下几方面。

第一，全世界科技创新和产业革命风起云涌，为粤港澳大湾区科技创新平台建设带来了机遇。高速发展的信息技术和互联网技术引领的科技革命席卷全球，人类正以前所未有的速度进行科技创新和产业革命。智能制造、物联网、云计算、3D 打印、人工智能等都在全方位地、深刻地改变着人们的生活。不同国家和地区都纷纷提出自己的科技战略和政策。在这一轮科技进步浪潮中，粤港澳大湾区在5G、无人机、大数据应用等领域具有全球优势，这也为粤港澳大湾区科技创新平台建设带来了难得的机遇。

第二，粤港澳大湾区科技创新平台建设得到国家层面的战略规划。建设粤港澳大湾区是习近平总书记亲自谋划、亲自部署、亲自推动的重大国家战略，是新时代推动形成我国全面开放新格局的重大举措。《粤港澳大湾区发展规划纲要》重点之一就是科技创新方面，纲要提出打造高水平科技创新载体和平台，并为实现这一战略目标划定了清晰的路线图。包括要有序开展国家高新区扩容，支持创建军民融合创新示范区，支持港深创新及科技园、中新广州知识城、南沙庆盛科技创新产业基地、横琴粤澳合作中医药科技产业园等重大创新载体建设，支持香港物流及供应链管理应用技术、纺织及成衣、资讯及通信技术、汽车零部件、纳米及先进材料等五大研发中心以及香港科学园、香港数码港建设，支持澳门中医药科技产业发展平台建设，推进香港、澳门国家重点实验室伙伴实验室建设。

第三，粤港澳大湾区科技创新平台建设得到粤港澳三地政府的全力支持。粤港澳三地都将创新驱动作为未来发展的重点，全力为科技创新平台建设提供便利。广东省不断强化实施创新驱动发展战略，出台一系列政策支撑粤港澳大湾区科技创新平台建设。2016 年《广东省人民政府关于印发广东省科技创新平台体系建设方案的通知》，从总体思路、发展目标、重点任务、保障措施等方面规划了广东省科技创新平台体系建设，2018 年广东省首次出台政策文件助力粤港澳大湾区国际科技创新中心建设。2019 年《关于进一步促进科技创新的若干政策措施》作为广东省政府 2019 年一号文件对外公布，其中关于科技创新平台系统建设占据重要篇幅。香港于 2015 年成立了创新及科技局，从研发资源、汇聚人才、提供资金、科研基建、检视法规、开放数据、政府采购和科普教育八个方面加强创新及科技发展，并投入所需的资源，全力推进建设国际科技创新平台，联手内地，通过多种方式，培育新兴产业，推动香港再工业化。澳门在 2018 年成立了建设粤港澳大湾区工作委员会，2019 年成立了创新、科技及智慧城市发展专责组，主要负责加速科技创新载体和平台的建设，有力推进了位于横琴的粤澳合作中医药科技产业园的建设和发展。

4）粤港澳大湾区科技创新平台建设面临的威胁

粤港澳大湾区科技创新平台建设面临的主要威胁包括如下几方面。

第一，粤港澳大湾区科技创新平台建设面临国外其他湾区的竞争。虽然粤港澳大湾区有较为良好的科技创新资源平台，但是与纽约、旧金山、东京等全球知名的大湾区的科技创新平台相比，粤港澳大湾区面临重大科技创新平台（比如国家实验室）建设相对滞后、尖端研发创新人才和高技能应用型人才匮乏、政产学研用各环节协调程度不高、区域间科技创新发展不平衡不协调等发展问题，使得粤港澳大湾区在国际创新资源汇聚与世界顶尖人才吸引等方面处于不利地位，不利于打造世界级的粤港澳大湾区科技创新平台。

第二，粤港澳大湾区面临国内其他城市群科技创新平台建设的竞争。在我国全面打造对外开放格局的大背景下，包括长三角城市群和京津冀等城市群在内的我国其他地区，也会采取各种措施来提升自身的科技水平，打造高质量科技创新平台，在国家资源和投入有限的情况下，多个城市群竞争无疑会对粤港澳大湾区科技创新平台建设带来压力，这种压力既包括国家政策与资源如何分配，也关乎对高端创新人才的吸引方面。

第三，粤港澳大湾区科技创新平台建设面临日趋复杂的国际环境。随着中美关系的日益紧张，中美科技交流受到很大干扰。一方面，美国采用人才封锁、签证收紧、出口管制等手段对中美科技交流施加各种限制。美国能源部在 2018 年 1 月发布的一份备忘录中表示，该部将不再允许其员工和受资助者参与由"敏感"国家组织的人才招聘计划。2018 年 6 月，美国国务院将机器人、航空和高科技制造领域的中国研究生签证期限由五年改为一年。美国政府部门自 2018 年起针对华裔研究人员发起了大规模调查行动，在华裔群体中引发了很大担忧。另一方面，美国以政治手段介入香港问题，使粤港澳大湾区科技创新平台建设增加了很大的不确定性。2019 年 11 月美国签署了所谓的"香港人权与民主法案"，要求美商务部评估我国是否有通过粤港澳大湾区规划，将香港作为国家创新科技中心或受规管敏感技术进口渠道的计划，是否会利用香港独立关税区地位进口物品，用以逃避关税。考虑到美国在科技领域的影响力，美国对中国高科技产业的全方位打压对粤港澳大湾区科技创新平台建设造成一定的阻力。

4.2.4　粤港澳大湾区科技创新平台布局体系设计

1. 粤港澳大湾区科技创新平台总体框架

粤港澳大湾区科技创新平台主要包括实验室体系、技术创新中心体系以及科技服务平台体系三大部分（图 4-6）。其中，实验室体系由国家实验室、国家重点实验室、粤港澳联合实验室、省重点实验室、市重点实验室等共同构成；技术创新中心体系由国家技术创新中心、国家工程技术研究中心、省工程技术研究中心、市工程技术研究中心等共同构成；科技服务平台体系由重点科研基础条件平台、科技公共服务平台、技术转移转化平台等共同构成。这三个部分不是相互割裂的，而是有机融合在一起的，只有这样才能形成一个真正的科技创新平台体系。

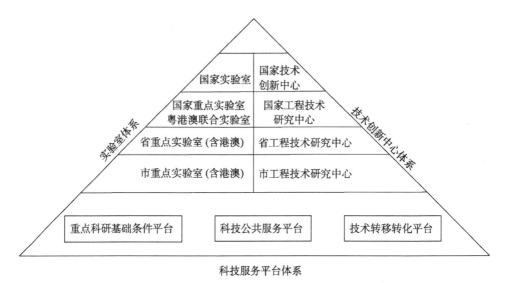

图 4-6 粤港澳大湾区科技创新平台体系

粤港澳大湾区科技创新平台所依托的主体有政府、高校和科研院所、企业和中介机构等（图 4-7），各行为主体在平台发展中的作用和地位各不相同。

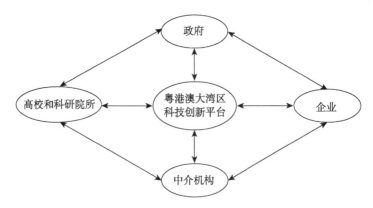

图 4-7 粤港澳大湾区科技创新平台主体要素

政府是区域科技创新平台的体系设计者、引导者和协调者，政府的主导作用体现在科学规划、环境营造、组织协调、鼓励共享和监督管理等方面。第一，科学规划。政府要从各类平台协调发展的战略高度出发，围绕区域经济和科技发展需求，兼顾各方利益，制订科学有效的区域科技创新平台发展规划和发展战略。第二，环境营造。政府要通过建立合理的投融资体系、完善的知识产权保护制度、健全的法律法规体系等方式，营造适合区域科技创新平台网络化发展的环境和文化氛围。第三，组织协调。政府应通过政策引导和经费支持等手段，鼓励高校、科研院所、企业和中介机构等通过产学研合作、组建联盟等方式积极参与科技创新平台的建设。第四，鼓励共享。政府应通过制度安排和补助支持等方式，加强创新资源的开放和共享，提高大型仪器设备、科技信息、科学文献和科技数据的共享程度。第五，监督管理。政府对区域科技创新平台网络化发展过程的管理和监督作用主要体现在建立健全科技创新平台评估考核制度，从服务水平、创新能力、运行效率等方面对其进行监督和控制，从而保证平台的良性运行和发展。

高校和科研院所是国家基础研究的主力军和应用研究的生力军，具有人才集聚、基础设施完备、科研资源丰富、学科齐全和信息畅通等优势。高校(尤其是研究型大学)和科研院所作为区域科技创新平台的重要主体，在平台发展中的基础性作用主要体现在：以学科建设规划为指导，围绕区域战略高技术研究、重大基础性研究及重大科技计划，整合各类科研资源，重点建设中试基地、重点实验室、工程研究中心等研发类平台以及大学科技园等产业化平台，发挥其服务科技创新的基础性作用。

企业是科技创新的主体，也是创新型国家创新型省份建设的重要力量，在区域科技创新平台的建设和发展中也需发挥其应有的作用，主要体现为：大中型企业尤其是大型高新技术企业和产业优势企业，要利用其在资金、技术、资源等方面的优势，面向区域科技创新需求，组建或联合高校和科研院所等共建工程技术研究中心、中试基地和孵化器等研发平台与产业化平台。在推进区域科技创新平台发展的同时，不断提升企业的创新能力。

中介组织是指为区域科技创新平台建设和发展提供服务的各类机构，其作用主要体现在三个方面：一是通过吸引风险投资等方式，为区域科技创新平台的建设提供资金保障，如各类金融机构等是中介机构的一部分；二是提供科技成果交易场所，公开各类平台的创新成果，促进科技成果的转化，如技术交易中心等；三是提供技术、人才、资源等供需信息，促进各类平台之间信息资源的流动和共享。

2.粤港澳大湾区科技创新平台空间布局规划

从目前实践来看，区域科技创新平台的空间布局模式主要包括三种类型：均衡布局模式、点极布局模式和点轴布局模式。

1）均衡布局模式

均衡布局模式是指在技术基础和产业基础较好、财力资源和人力资源等创新要素较为丰富的区域，政府通过有意识地把制度激励和政策制定倾向于平台的基础设施建设，实现研发平台、产业化平台和公共服务平台三大类平台在区域内的均衡布局和产业内的布局平衡。因此，均衡布局模式的关键在于区域政府能否灵活且及时运用各种政策工具。在实践中，政府是均衡布局模式的第一主体。均衡布局模式要求区域具有一定的科技和经济基础，各类平台发展所需的自然资源和智力资本等较为丰富。在这一条件下，政府在区域科技创新平台的布局过程中发挥主导作用且占据主导地位，是一个能够协调各方力量以及整合各类资源的组织者和引导者，在协调过程中有足够的能力推进各类平台的建设和发展。这一模式下，平台布局的关键在于政府能否成功地扮演引导者和组织者。政府需要通过各种有效的机制将创新要素与研发平台和产业化平台进行科学匹配，实现整合创新的价值。需要强调的是，确认政府是该模式的主体并非否定企业、科研院所、高校等的地位和作用，它们在区域科技创新平台的建设及发展过程中仍然是十分重要的力量。另外，管理创新是推动这一模式下平台发展的第一动力。从驱动系统发展的因素角度出发，可将创新划分为管理创新、技术创新和机制创新。可以说，均衡布局模式下的管理创新是一种集成创新，包括环境管理创新、社会管理创新、经济管理创新三个主要方面。环境管理创新包括创新文化环境的建设、基础设施环境的完善、区域自然环境的保护等。社会管理创新包括制定平台发展相关的制度和法律法规、创新公共服务制度、实现与国内外相关平台的交流及合作。经济管理创新主要包括合理配置科技创新资源，解决平台发展中产生的问题或冲突，创新平台发展相关经济政策（如增设专项科研贷款、设立平台发展储备金、减免税收政策等）。管理创新可以为平台布局提供指导，使平台的创新价值得以实现。

2）点极布局模式

点极布局模式是由法国经济学家佩鲁提出的。佩鲁把产业部门集中且优先增长的先发地区称为"增长极"。"增长极"只能是区域内条件优越、具有区位优势的少数"点"，一个"增长极"一旦形成，就会吸收大量的生产要素，日益发展壮大，使其周围区域成为极化区域。当这种极化作用达到一定的程度，同时"增长极"已发展到足够强大时，会向周围地区扩散，带动周围区域发展，通过乘数效应，最终影响整个区域发展。

点极布局模式是指在区域科技创新平台的空间布局过程中，通过培育"增长极"地区或产业，将其作为整个平台发展的中心，进而带动"次增长极"地区或产业各类平台的发展。点极布局模式与均衡布局模式有着显著的区别。在均衡布局模式中，区域几乎只是地理上的一个整体概念。区域内所有创新要素和科技资源都是科技创新平台发展的客观基础，但如果没有政府的引导、计划、组织和支持，这些要素都只是处于松散的状态，不能作为一个价值创造整体为科技创新平台的持续运行和发展输送能量。与之相反，点极布局模式的前提是在既定区域中，按照科技经济发展的需求，去选择、确定适合平台发展的地区或产业，即"增长极"，这些"增长极"在成为被选择的对象开展新一轮平台建设和发展时，其社会系统和经济系统的运行自成体系，并以此为核心，不断发展与之匹配的各类平台。

点极布局模式下平台空间布局的主要特点如下。第一，以平台在各地区和产业分布不平衡为出发点。在区域经济科技发展过程中，各类平台的增长不会同时出现在区域内的各个地区或各个产业，而优先在少数区位或产业条件优越的"点"上发展，这些"点"成为平台发展的极核，即"增长极"。第二，"增长极"的形成有赖于区位优势或产业优势。点极布局模式重视科技创新平台在区域经济科技发展中的重要作用，"增长极"地区需要既具备较好的创新环境条件，又有能集聚大量人才、技术、资本的能力，"增长极"产业应是区域的主导产业或特色产业。第三，点极布局模式有极化效应和扩散效应两种效应。极化效应主要表现为科技创新平台在"增长极"地区或产业的集聚发展，使得这些地区或产业的科技力量不断增强，从而吸引人才、资本、信息、技术等要素向其聚集。扩散效应主要表现在"增长极"的自然资源、创新要素和创新活动等的分散和趋向过程中，两种效应相辅相成，通过集聚与扩散的作用带动整个区域各类科技创新平台的发展。一般来说，在平台发展的初级阶段，极化效应起主导作用，当平台发展到一定规模以后，极化效应会逐渐减弱，扩散效应占主导地位，并将逐步增强。

3）点轴布局模式

点轴理论的有关思想，是点极布局模式的扩展。随着"增长极"数量的增多，"增长极"之间出现了相互联结，形成多种类型纵横交织的平台密集区或发展带，两个"增长极"及其中间的联系也具有了高于单个"增长极"的功能，即成为区域科技创新平台的"发展轴"，"发展轴"具有"增长极"的所有特点，而且比"增长极"的作用范围更大。在区域科技创新平台的空间布局过程中，即沿着"分散—聚集—再分散"的轨迹螺旋式展开，逐渐发展成多层次的区域科技创新平台网络。

这一模式的重要特征如下。第一，方向性和时序性。科技创新平台的空间布局与区域整体协调发展有着紧密的联系，点轴渐进扩散的过程在时间上和空间上具有动态性和连续性等特征，是各类平台摆脱单点的限制走向空间整合的第一步。各类子平台优先布局在区域内科技资源较为雄厚的地区或产业，在享受这些地区环境或产业政策等带来便利的同时，通过知识溢出，带动其他地区或产业各类子平台的发展。第二，过渡性。点轴布局模式将科技创新平台的发展重点由"点"转向了"轴线"，而多个点轴的交织使得科技创新平台不断向着网络化方向发展。随着平台体系的逐步完善，极化作用减弱，扩散作用增强，科技创新平台由不平衡向平衡转化，在整个区域范围内逐渐趋于均衡。可见，对于平台的规划与建设实践来说，点轴布局模式除了有利于各类平台的整合与集聚，更重要的是提供了时序控制和极化方向的手段。

采用点轴布局模式的区域应依据现有的资源基础和发展条件，根据科技创新平台布局现状和未来空间扩展的趋势，充分发挥经济科技集聚作用和规模效应，以产业分工为核心，以大、中、小城市等级为轴线，依据区域产业结构，扩大平台规模，进一步强化科技创新平台的一体化和空间等级化，从而达到功能互补、结构有序、创新效率最大化的发展目标。点轴布局模式的主要思路如下。第一，在发展轴上确定重点发展的中心地区或优势产业，使之成为科技创新平台发展的"增长极"。通过确定这些地区或产业的特质，明确各类平台的布局方向和主要功能，使平台整体的创新优势得以充分发挥。第二，确定中心地区或产业以及发展轴的等级体系，重点开发较高级别的中心地区或产业以及发展轴，随着区域经济科技实力的增强，再将开发重点逐步转移扩散至级别较低的发展轴，最终形成由不同等级的发展轴以及中心地区或产业构成的多层次结构的点轴系统，进而带动整个区域科技创新平台的发展。

点轴布局模式的本质在于避开劣势地区或产业，寻求优势发展空间。从这一本质出发，对创新环境的充分认识以及对优势资源的认识和梳理是点轴布局模式成功的重要前提和关键。通过"点"和"轴"两要素的结合，在空间结构上，实现由"点"而"轴"，由"轴"而"面"的布局，使科技创新平台呈现出一种立体结构和网格态势，这对平台内部信息的横向流动和子平台之间的横向联系有较大的优越性。也利于最大限度地实现区域科技资源的优化配置，避免资源流动的不合理性。具体方式可以根据区情自行决策。例如，某地区如果存在区域支柱产业或主导产业，那么就可以优先布局与该地区该产业匹配的各类平台；某地区具有少数技术开发能力较强的研究中心则可以构建与之匹配的科技企业孵化器；省会城市则需要利用其中心地位的优势，强化公共服务平台的建设和发展；等等。总之，错开劣势、寻求比较优势应成为这一模式的指导思想和基本原则。

粤港澳大湾区所包含的 11 个城市，创新环境、创新资源、创新要素等千差万别，科技创新平台发展所处的阶段也都不尽相同。因此，区域科技创新平台的空间布局没有一种最优的模式，必须要同当地实际相结合，切不可简单照搬发达地区科技创新平台的布局经验。需要在综合评估区域内不同地区经济和科技发展特点及产业优势的基础上，确定平台的空间布局模式。本书认为各区域政府在确定平台布局模式时应综合考虑以下几个方面。

一是区域经济发展水平。区域科技创新平台的空间布局没有一种最优模式，必须结合当地经济和科技发展的实际。各区域在选择区域科技创新平台空间布局模式时，首先要科学合理地判断本区域的经济发展水平。从粤港澳不同城市经济发展形态来看，区域科技经济发展极不均衡，香港、深圳、广州等相对发达，可以考虑选择均衡布局模式，发展各类研发平台，同时，加强产业化平台和公共服务平台的建设；江门、肇庆、惠州等城市相对落后，在科技资金不足的情况下，考虑选择点极布局模式发展各类平台；中山、珠海等城市的经济发展水平处于中等，点轴布局模式较为适合这类地区科技创新平台的发展。

二是区域主导产业。区域主导产业是区域经济的主要支撑，因此，区域科技创新平台的空间布局也必须围绕区域主导产业进行。例如，对以生物医药、新材料、电子信息等为主导产业的区域，中小企业较为发达，创新的发育程度比较高，可以考虑将中小企业作为平台发展的主导力量，使这些主导产业成为平台空间布局的产业"增长极"。以航空航天、光机电一体化、核应用技术等为主导产业的区域，大中型企业可能在区域创新活动中占据主导地位，由于大中型企业整体实力较强，承担创新风险的能力也较强，因而可以考虑以大中型企业为主导力量，使这些主导产业成为平台空间布局的产业"增长极"。此外，依据主导产业选择区域科技创新平台的空间布局模式时，要特别注意处理好传统产业与高科技产业以及第二产业与第一产业和第三产业在创新体系建设中的关系。

三是区域特色定位。平台空间布局模式的选择还要考虑不同区域经济和科技发展的特点及优势，进行区域特色定位。第一，在确立区域科技创新平台空间布局模式时，除了初建阶段由粤港澳大湾区建设领导小组统一部署外，此后要结合区域中长期发展规划，围绕特色做文章，突出特色，应以区域科技创新平台发展战略规划的形式确立下来。第二，在科技创新平台的空间布局过程中，要突出区域优势和特色，大力培育并发展特色平台。对于已经建立的科技创新平台，应系统分析其所在区位和产业的优势及劣势，充分利用各地区的资源优势、产业特色条件，扬长避短，实现其快速发展。第三，空间布局模式的选择要走"特色产业化"和"特色规模化"的路子，通过"培大育小、扶优扶强"，在区域特色产业中重点建设一批特色平台，积极发挥特色产业的整体效应，打造区域性品牌平台，构筑具有地方特色和比较优势的区域科技创新平台。

四是区域发展规律。区域科技创新平台的空间布局一定要避免画地为牢、封闭、重复的做法，需充分尊重区域经济科技发展的规律，在注重本区域科技创新平台发展的同时，也要重视具有较强内在联系的其他区域，形成跨省市的区域科技创新平台协作网络，实现大联合、大发展。

总之，粤港澳大湾区不同城市需根据具体情况，参考上述思路，选择一种符合本地区实际需要的平台空间布局模式。在平台建设之初要进行充分的调查研究，包括各类平台发展的经济基础、科技条件、产业优势等，掌握第一手资料，确定重点发展什么类型的科技创新平台，突出建设哪些特色平台。另外，不能仅停留在模式选择上，还要细化到相关方针政策和平台发展的各个方面，制定科技创新平台发展战略及相关规划，这样开展工作才能卓有成效。

4.2.5　粤港澳大湾区科技创新平台运行机制优化路径

1. 粤港澳大湾区科技创新平台运行机制内容构成

粤港澳大湾区科技创新平台的运行机制是平台正常运行的保障。结合国内外科技创新平台运行机制的经验，粤港澳大湾区科技创新平台运行机制内容应包括组织管理机制、资源整合机制、协同服务机制、创新激励机制。

1）组织管理机制

粤港澳大湾区科技创新平台建设涉及多部门、多行业、多地区的统筹协调，必须充分发挥政府主导作用，建立多方协同、虚实结合的组织管理模式，从法律法规、政策、管理办法等层面推进建立重大平台的组织管理机制。按照政府主导、多方协同原则，对科技创新平台进行统一规划、协调与监管，建立粤港澳大湾区科技创新平台建设运行的管理体系。①宏观决策层面：由粤港澳三地政府部门及其负责人组建平台建设委员会，对平台进行统一规划部署，协调跨部门的工作，制定相关配套政策、决定重大合作项目。②中观决策层面：设立粤港澳大湾区科技创新平台管理办公室，制订平台年度计划，确保制度落实和平台运行，并进行绩效考核评估。③微观决策层面：一是由高校、科研机构、企业、中介机构等负责平台建设的具体部门组建重大平台服务中心，负责具体平台的建设和日常服务与维护工作；二是成立专家委员会，根据平台规划和自身实际需求，为重大建设运行提供论证与咨询，保证制度设定的民主化和科学化。

2）资源整合机制

科技资源整合是实现科技资源高效利用的基础。资源整合的关键，是明晰科技资源产权属性，对科技资源进行合理的权利配置。通过市场机制运作，资源所有者、使用者和服务者实现充分交流，各类资源的供给、交换、使用均实现高效配置，从而提高科技资源运用效率。

粤港澳大湾区科技创新平台的建设，涉及多个部门的资源投入、集成使用。要按照产权清晰、充分利用的原则，建立以增量资源盘活存量资源，以外部优质资源激活内部资源的资源整合机制。包括：①建立资源产权分解制度，通过相关法律法规的制定，明晰平台的产权主体，解决平台的归属问题；②建立资源信息整合制度，通过制定和出台强制或鼓励平台参与共享的有关法规、政策，解决信息整合共享问题；③构建外部资源引进机制，在盘活内部资源的基础上，大力引进外部优质资源，特别是高层次的研发机构的引进和落地的相关制度。

3）协同服务机制

粤港澳大湾区科技创新平台作为围绕产业而构建的跨单位、跨部门、跨地区平台联盟，其本质要求是要实现各类子平台之间跨地域、跨单位、跨部门的信息共享和业务协同，成为支撑相关产业上下游衔接、功能配套、分工协作的平台联盟，关键在于构建平台协同服务机制。

按照协同创新、开放服务的原则，构建平台协同服务机制，包括：①制定平台建设总的技术规范，并根据各类平台建设，制定相应具体的建设标准、规范或指南；②建立资源利用补偿制度，制定平台资源折旧、耗减核算等办法，确立平台的政府补贴规则，明确平台相关主体的经费保障规则等，完善平台资源利用补偿制度；③建立平台开放服务的评价考核制度，根据考核结果给予奖惩。

4）创新激励机制

平台各主体参与平台建设的积极性是平台持续发展的基础和关键。好的资源配置方式，可以调动各有关主体的积极性，使资源配置达到最大化。构建多元化的重大平台激励机制，保障平台共享各方的合法权益，实现资源高效利用。按照兼顾效率与公益性的原则，创新平台激励机制，具体包括如下三点：①政策激励机制。制定平台管理办法，完善平台激励约束机制，建立平台的收益再投入制度，制定相关收益投入规则等。②评价激励机制。建立科学合理的绩效评价机制，发挥检测评价的导向作用，从平台资源组织能力、运作过程能力和服务结果三个维度定期对平台发展现状进行监测与评价。③产权激励机制。无形资产的产权激励对平台的各主体来说最为直接有效。以技术作价入股、科技人员持股等形式，推行技术成果参与分配，保障平台各组织机构及其科技人员的合法权益，为地方平台长期、稳定、全面的发展提供有效的激励方式。

2. 粤港澳大湾区科技创新平台运行机制形式构成

粤港澳大湾区科技创新平台运行机制中的四方面内容，主要通过与之相关的制度体系来体现。从形式上，平台运行机制包括法律法规、政策以及管理办法等三个层次。

1）法律法规

法律法规一般包括法律、法律解释、行政法规、地方性法规、自治条例和单行条例及规章等。具体粤港澳大湾区科技创新平台的法律法规，主要是指粤港澳三地围绕创新平台机制的四大内容构成要求，通过制订(修订)、发布相关法规、条例和规章等，对粤港澳大湾区科技创新平台建设运行过程进行顶层设计。该层次要注重与国际惯例接轨，与国家有关法律法规衔接。

2）政策

在粤港澳大湾区科技创新平台法律法规的框架下，围绕粤港澳大湾区科技创新平台机制的四大内容构成要求，在平台建设运行的原则、战略、方针和计划等方面，制定具有指导性、操作性的制度规范。

3）管理办法

解决粤港澳大湾区科技创新平台建设与运行中具体操作性问题，出台与重大平台相关的标准和规范等，直接服务于重大平台建设运行机制。由平台具体主管部门、企业、高校和科研院所等承担单位制定发布。

上述法律法规、政策、管理办法三个不同层面的制度，相互衔接、配套，共同服务于粤港澳大湾区科技创新平台建设运行机制四大构成内容的运行，形成粤港澳大湾区科技创新平台的整体功能和整体秩序。

4.3　本章小结

在科技创新上，粤港澳大湾区从创新投入、创新网络、成果产业化、创新政策等方面持续完善区域创新体系，实现创新成果不断迈向世界科技前沿，推动"广州—深圳—香港—澳门"科技创新走廊成为全球重要科技集群。但粤港澳大湾区的科技创新也面临粤港澳三地科研规则对接不顺畅、湾区内部研发经费投入不均衡、基础研究经费投入不足、高水平科研机构和创新平台短板明显、大湾区内地高校的创新合作领导力欠缺等问题。特别地，本章还对大湾区的科技创新平台展开了研究。粤港澳大湾区科技创新平台资源整体而言比较丰富，但存在平台空间布局和领域结构不均衡、高水平科技创新平台（如国家实验室）较少、平台集成共享程度较弱等问题。因此，本章提出了优化大湾区科技创新平台建设的机制与政策建议。

第 5 章

粤港澳大湾区新兴产业发展的
金融支撑体系

随着金融逐渐成为现代经济的核心，加快推进粤港澳大湾区新兴产业发展，离不开金融的支撑。观察全球三大世界级湾区，无一例外都是金融资源和创新要素高度集聚的区域，都是通过高效的金融体系来吸纳储蓄、配置资本，助力湾区内新兴产业更高质量发展。纽约湾区主要以金融带动新兴产业的发展；旧金山主要以产业撬动资本，进而实现资本与产业的良性互动；东京湾区金融与产业的互动模式则介于纽约湾区和旧金山湾区之间。因此，本章将深入分析粤港澳大湾区新兴产业发展的金融支撑体系。

5.1 金融支撑新兴产业发展的作用分析

5.1.1 金融对新兴产业发展的作用机制

从新兴产业的创新发展来看，科技创新具有外部性、市场超前性、高风险与高收益并存等特点，亟须金融支持。科学技术创新是一个从投入到产出的全面过程，存在多种不确定性因素，该种特有属性导致了科学技术创新具有外部性特征。主要体现为溢出效应。知识经济时代，在充满竞争性的市场环境下，要求科学技术创新必须具有超前性的特点，从而占领竞争的制高点。相关数据表明，国际上科学技术创新成果能满足市场需求，进行产业化生产的概率仅在 25%左右。科学技术创新活动行为带来的风险包括：收益特性、技术特性、市场特性、环境特性等。科学技术创新活动结果具有高收益和高风险并存的特征，一旦科学技术研究带来的成果是积极的，就有可能实现有价值的创新突破，新技术、新产品在一定程度上会为企业抢占市场份额，奠定竞争优势创造新的条件，进而能给公司创造出更多丰厚的回报。科技创新可以分为科学创新与技术创新两个紧密相关的环节，这两个环节的创新过程及成果的呈现形式不同，其中蕴涵的风险也不同，这使得金融发展对科技创新这两个环节的影响机理也存在差异。

第一，金融为科技创新提供融资支持。资金融通功能是金融发展作用于科技创新的基本功能。科技创新的过程中需要大量资本、人才及先进设备，其中资金投入是核心。金融发展能够通过其创造的证券、股票等各种金融工具，将分散的社会资金引导到科技创新之中。科学创新与技术创新的经济特征不同，资金供给来源与途径也不同。科学创新与知识创新更多属于基础研究，具有更强的公益性和社会性，成果形式更多表现为论文，因此科学创新的资金提供者主要是政府，包括政府向高校和研发机构提供的科研资金以及向部分科技型公司提供的财政补贴及税收优惠等。技术创新直接与生产过程关联，创新成果直接表现为专利、新型产品等，具有明显的排他性特点；创新成果可以转化为经济收入，因此银行业、证券业就成为技术创新活动所需资金的主要提供者。在整个融资过程中，银行等金融机构可以将社会分散资金聚合为技术创新所需要的集中性资金，各类基金、风险投资可以通过签订契约来募集社会资金；银行业、证券业各自发挥融资优势，相互配合，可以有效解决技术创新过程中的资金问题。

第二，金融为科技创新的风险分散提供便利与化解途径。科技创新是一个充满风险的过程，而金融系统可通过提供跨期风险分散工具以及横向风险转移渠道来化解与对冲风险。其中，金融中介通过为科技创新主体提供保险、抵押、担保等服务，可有效分散投资过程中的风险；商业银行提供信贷资金时，对科技企业的事前考察、事中监督与事后管理，会有助于科技创新主体更好地把控创新风险；金融市场则通过提供资产组合和意见表达机制，促使投资者投资于具有技术创新的产业，从而通过资本聚合支持技术创新。以资本市场为主导的金融结构通过风险管理帮助投资者分散专业化科技项目的投资风险，更有利于促进技术创新。此外，金融市场在为科技创新提供代理监督、管理不确定性服务时，也加强了对科技创新整个过程的风险管理。

第三，金融通过信息传递提高科技创新决策的准确性。金融发展对科技创新的信息传递功能主要表现为金融市场的信息处理机制。高效率的金融市场能够通过准确的价格真实反映市场交易状态，以便投资者根据自身的风险偏好和风险承受能力做出正确的决策，使资源得到合理利用和有效配置。同时，发达的金融市场通常要求参与者执行严格的信息披露制度，使得技术创新相关信息更容易传播出去，以方便银行、投资公司等技术创新活动的主要资金供给者做出决策。

第四，金融为科技创新主体提供有效的激励约束。金融发展有助于解决科技创新过程中的委托—代理、逆向选择与道德风险等问题，从而约束、激励技术创新活动及各利益相关者。金融市场能提供多种直接与科技创新公司经营情况挂钩的金融工具，来完善企业激励机制，更有利于科技创新企业的发展。市场性金融主体为了控制风险和获得更高的投资收益，选择发展前景好的科技创新企业和项目进行金融服务；保险公司、担保、抵押机构在进行中介服务工作时，为了控制自身风险也会选择优质企业。而这些选择会帮助甄选创新人才、改进创新技术，使潜力好的企业获得各方面支持而迅速发展壮大。同时，股份的持有者可以通过"用手""用脚"投票机制，实现对科技创新企业发展的约束与激励。

5.1.2　金融支撑新兴产业发展的阶段性分析

企业在不同的创新阶段所面临的风险不同，对资金的需求规模和需要的资金来源也不同。因此，在不同的科学技术创新发展阶段，金融发挥的功能是不同的，进而对科学技术产出所带来的影响也是不同的。包括三个阶段：孵化阶段、科学技术成果转化阶段、产业化阶段。

第一，孵化阶段。在该阶段，新技术或者新产品处于研究中，科学技术研究机构、高校院所等是技术或产品的主要研究主体，具有资金需求量大、风险性高、外部性强等特征，资金的投入是否能够带来回报，以及能带来多大的回报，具有很大的不确定性，主要取决于新技术、新产品的研究是否能够落地，是否能够市场化生产。在此阶段，资金来源主要分为两部分，一是自有资金；二是风险投资机构对新技术或新产品认可所注入的风险投资。由于市场金融具有追求利益最大化的特征，在此阶段，市场金融主动对产品提供资金的意愿性较低，这就需要政府承担相应的职能去提供资金支持科学技术创新活动，比如，政府可制定相应的优惠政策，在某方面降低科学技术研究主体(高校院所、科学技术研究机构等)的税收等。在此阶段，主要以专利授权数作为科学技术产出成果的变量，政府财政在科学技术创新方面的出资额对专利授权数有决定性的作用。而风险投资机构往往不愿意出较大的资金去支持新产品或新技术的创新。

第二，科学技术成果转化为实际生产力阶段。在此阶段，科学技术研究机构、高校院所等将科学技术产出的新技术等转换为实际生产力，同时进行市场化生产，市场化生产规模最终取决于期间新技术投入水平，在此阶段，技术合同买卖交易处于持续活跃中。科学技术产出的成果是否能被市场接受，具有很大的决定性作用。因此，反映此阶段科学技术产出的指标主要为科学技术成果落地进入市场所带来的新产品主营业务收入。在科学技术成果转化阶段，具有公共性质的科技金融在此阶段承担着引导性的作用，政府设立的扶持资金会对创建期的企业起到较为明显的支持作用。在此阶段，风险投资机构出资的意愿较高，尤其是具有创新性质的资本金。

第三，新兴技术产业化阶段。在此阶段，科学技术创新的成果已进行市场化、产业化生产，且市场规模不断扩大，并形成行业相关的新兴技术产业，可采用相关的新兴技术产值来衡量科学技术创新产出情况。科技金融对此阶段的科学技术创新活动行为影响较弱。在此阶段，科技金融投资的风险性较低，资金需求者获得资金的难度较低，科技金融资金供给者提供资金的主动性意愿较高，尤其是风险投资机构中的私募股权（private equity，PE），资金需求者通过科技金融市场获得资金支持的难度较低，资金需求者在该阶段可通过科技金融市场募集资金来发展新兴产业，如新能源汽车产业、高端生物医药产业等。

5.2 粤港澳大湾区金融发展的现状

5.2.1 基本情况

1. 拥有两大股票交易所

粤港澳大湾区目前有两个股票交易所，分别是深圳证券交易所（简称深交所）和香港交易所（简称港交所）。深交所经过 30 多年的建设，逐渐形成了主板、中小企业板、创业板三个板块相互补充、协调发展的多层次资本市场体系。深交所主板市场于 1990 年诞生，推动上市公司利用资本市场做优做强，形成深市蓝筹股市场；中小企业板于 2004 年 5 月推出，成为中小企业"隐形冠军"摇篮，涌现出一批细分行业龙头企业；创业板于 2009 年 10 月启动，已成为结构调整的推手、新兴产业的摇篮和自主创新的平台。港交所是全球一大主要交易所集团。2018 年 4 月 24 日，港交所发布 IPO（initial public offering，首次公开发行）新规，允许双重股权结构公司上市，允许尚未盈利的生物科技公司赴港上市。此次改革被市场人士视为 25 年来，港交所意义最为重大的上市制度改革。作为此次 IPO 改革的重点，同股不同权成为关注焦点。

2. 风险投资呈下降趋势且集中在天使轮、A 轮和 B 轮

2017~2019 年，大湾区的风险投资（venture capital，VC)交易金额和事件数量呈现下降趋势，2019 年的下降幅度明显。2019 年，VC 的交易金额为 479 亿元，同比下降 37%；投资事件数量为 652 起，同比下降 52%。

分地区看，2017~2019 年大湾区各地区的 VC 数量和金额总体呈现下降趋势，且各地区的 VC 发展不平衡。深圳在投资规模上位居第一，2019 年深圳 VC 数量为 411 件，占大湾区的 63%，投资金额 306 亿元，占大湾区的 64%。广州的投资规模位居第二，2019 年广州的 VC 数量为 168 件，占大湾区的 25%，投资金额为 121 亿元，占大湾区的 25%。位居第三的是香港，其他地方的 VC 规模均明显较小。

从粤港澳大湾区 2017~2019 年 VC 事件的组成来看,天使轮、A 轮和 B 轮三大类型的风险投资事件虽然总体呈比例下降趋势,由 2017 年的 93.2%下降到 2019 年的 86.8%,但三者是大湾区 VC 事件的主要类型。从 VC 事件变化情况看,天使轮的投资占比逐渐降低,2019 年事件数占比较 2017 年下降 20.3 个百分点,种子轮事件数呈波动态,事件数占比先降后增;A、B、C、D 轮的投资占比逐年上升。此变化趋势与全国的 VC 投资轮次变化相同,也反映出大湾区 VC 投资轮次的整体后移。具体如图 5-1 所示。

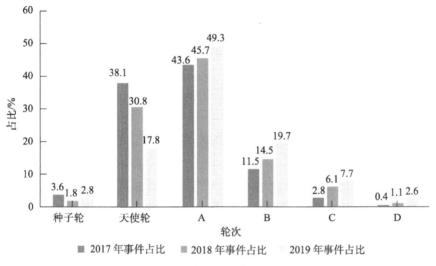

图 5-1　粤港澳大湾区 VC 各轮次事件数占比
资料来源:CVSource

3. PE 投资呈下降趋势但投资估值逐渐合理化

2016~2019 年,大湾区 PE 投资金额和事件数呈现下降趋势。受监管趋严和宏观经济影响,2019 年大湾区 PE 投资事件 619 件,比 2018 年下降 54%;投资金额 505 亿元,比 2018 年下降 37%。但是,PE 投资的单笔投资金额在 2015~2019 年呈现平稳上升趋势,在 5000 万到 8000 万元之间,表明 PE 投资机构的投资活动逐渐理性化,估值逐渐合理化。

分地区看,2017~2019 年大湾区各地区的 PE 投资数量和金额均呈现下降趋势。其中,深圳占据了大湾区的大部分 PE 投资。2017~2019 年深圳的 PE 投资数量在大湾区的占比均超过 60%。此外,深圳的 PE 投资金额占比逐年提升,2019 年深圳 PE 投资金额 326 亿元,占整个大湾区的 65%。排在深圳之后的是广州,2019 年广州的 PE 投资事件数为 176 起,占整个大湾区的 28%。2017~2019 年广州的 PE 投资金额占比逐渐增加，由 2017 年的 22%提升至 2019 年的 28%。排名第三的是香港，其投资金额总体上高于除深圳和广州以外的地区。

5.2.2　金融与新兴产业协同发展的基础与制约因素

1. 协同发展基础

1）具备先行先试的政策优势

粤港澳大湾区政策叠加优势突出，涵盖港、澳两个特别行政区，具备"一国两制"的制度优势。拥有市场化程度较高的经济特区、自由贸易试验区、国家级新区、开放型经济新体制综合试点试验区、建设中国特色社会主义先行示范区等众多平台，具备先行先试的优势。

2019 年 2 月，中共中央、国务院印发《粤港澳大湾区发展规划纲要》，明确了建设具有全球影响力的国际科技创新中心的重要支撑、内地与港澳深度合作示范区等五大战略定位。建设粤港澳大湾区，是新时代为国家实施创新驱动发展战略提供支撑。为落实《粤港澳大湾区发展规划纲要》要求，进一步推进金融开放创新，深化内地与港澳金融合作，加大金融支持粤港澳大湾区建设力度，提升粤港澳大湾区在国家经济发展和对外开放中的支持引领作用，央行等四部门于 2020 年 5 月发布《关于金融支持粤港澳大湾区建设的意见》，推出 30 条金融措施支持粤港澳大湾区建设。

2003 年，为进一步提高内地与香港、澳门经贸交流与合作水平，内地与香港、澳门特区政府分别签署了内地与香港、澳门《关于建立更紧密经贸关系的安排》，简称 CEPA，在此之后又签署了一系列补充协议，为大湾区的金融实现协同发展奠定了基础。CEPA 补充协议十规定，符合条件的港资、澳资金融机构，可以分别在上海、广东、深圳各设立 1 家两地合资全牌照证券公司，港资、澳资持股比例最高可达 51%，内地股东不限于证券公司等。

2）粤港澳三地互补合作空间大

与湾区经济实力相匹配的，是湾区较为发达的金融体系、较好的科技基础设施及较为浓厚的科创氛围。随着港珠澳大桥等重大基础设施的互联互通和粤港澳大湾区建设的深入推进，未来大湾区内部各个城市专业化分工将会更加明确，城市功能互补性将会不断增强，特别是在金融科技融合发展方面互补合作空间巨大。

在金融体系方面，大湾区已初步形成了金融业比较发达、量级层次分明的梯级城市格局，以金融业增加值为标准来划分，粤港澳大湾区可以划分为三个层次（第一层次是香港、深圳和广州，第二层次是东莞、佛山、澳门；第三层次是中山、珠海、惠州、江门、肇庆），其中香港作为全球知名的国际金融中心，具有活跃的国际金融交易市场、便捷的国际融资服务以及高效的国际支付清算体系，这使得香港能非常有效地吸引国际资本，并与大湾区科技创新产业链实现对接。此外，深圳依托深交所建立起完整的主板、中小板、创业板市场，特别是 2020 年深交所推动创业板改革并试点注册制，以及广东金融高新区股权交易中心、广州股权交易中心、深圳前海股权交易中心作为三大区域性股权交易市场，能够为大湾区的科技创新型企业发展提供各类丰富的金融资源和多层次的资金流转退出渠道。

在新兴产业发展基础方面，广州高校资源丰富，市场腹地大，深圳科技创新产业链条相对完善，香港和澳门则拥有高科技研发和对接国际等方面的优势，加之有广深港高铁、港珠澳大桥通车等利好条件，人流、物流、资金流互动更便捷，有利于活跃和联动上述四地的科创要素，建立人才、技术、资金自由流动的创新纽带和良性循环。

2. 协同发展的制约因素

1）制度体系差异化障碍

粤港澳大湾区内存在 9 个地级市和香港、澳门 2 个特别行政区，面对"一个国家、两种制度、三套法律体系"的格局，在科技、金融、经济与国际交流合作的体制政策上存在较大的差异。首先，由于粤港澳三地的市场制度和法律法规不同，三地在人才流动、资金流通、信息交流等方面存在着较多制度壁垒，要打通这些壁垒需要三地共同磋商做好衔接；其次，由于大湾区内的城市行政职权方面是不平衡的，粤港澳三地合作的很多具体政策需要国家有关部门的授权才能尝试，因此三地沟通谈判的成本较高。这些原因成为影响粤港澳大湾区金融与新兴产业协同发展的根本制约因素。

2）金融与产业资源分散且差异大

大湾区内部广州和深圳的科技创新实力最强，拥有丰富的创新资源和先进的产业基础，成为重要的技术创新中心和辐射扩散源头；香港和澳门对外开放程度最高，尤其香港作为全球第三大国际金融中心，其吸引外资和资本集聚能力能够为大湾区的科技创新产业化运作提供强有力的金融支持；佛山、东莞、珠海、中山科技创新能力次之，但是在广州、深圳的辐射带动下其在制造业发展上具有明显的优势；惠州、江门、肇庆目前的科技创新水平和产业基础都比较差。可以看出，香港、澳门以及珠三角 9 个城市的禀赋各不相同，如何从政策规划、创新资源流动等方面实现资源与优势互通互补，是实现粤港澳大湾区金融与新兴产业协同发展面临的具体挑战。

3）金融与产业资源流通缺少共享机制

粤港澳大湾区内三地之间已有一定程度的经济交流合作，但是在科技研发分工、金融和人才要素流动等方面联系和协作程度较低。香港拥有较多高水平的高校和创新人才，但是与广东城市之间缺乏互动，香港的人才和金融优势对大湾区内高科技产业发展的支持作用发挥不足。另外，广东的 9 个城市之间在科技创新要素共享上也存在行政分割和排他性。金融与新兴产业资源流通共享机制的缺失，使得企业的技术、人才、资金更不能实现正常跨区流通。如何建立健全不同制度背景下城市之间关于产业创新资源流通的相关制度和激励措施，是促进粤港澳大湾区金融与新兴产业协同发展的关键。

4）金融、科创与产业三者缺乏有效联动

粤港澳大湾区金融虽然具有规模优势，但是未能转化为效益优势和产业优势。其科技信贷对科创企业成长和产业结构升级支持力度不够，没有形成一体化科技、普惠信贷市场，尚未形成健全的大湾区"天使投资—风险投资—私募股权投资"股权投资链，区域股权交易市场整合力度不足，资金链、创新链、产业链协同性不足，其金融、科技与产业的有效联动机制未完善，相互促进成效不明显。

5.3　美国金融与新兴产业协同发展的经验

5.3.1　成立为科技型小微企业服务的专门政策性融资机构

美国一半以上的科技创新是在小企业中诞生的，主要得益于美国成立了为小企业服务的专门政策性融资的机构——小企业管理局（Small Business Administration，SBA）。小企业管理局通过融资帮助使小企业获得商业银行贷款、协助获得联邦部门的研发项目与合同、提供咨询与管理培训服务等大大提高了美国各类科技创新型小企业的成功概率，在客观上起到了激励全社会进行技术创新的作用。此外，对于投入小企业的各种资金，小企业管理局并不刻意追求高额回报，重在发挥有限资金的杠杆作用，激励私人资本的加盟。目前，小企业管理局为中小企业直接提供的涉及资金的服务项目主要有担保贷款、小企业投资公司计划、小企业创新研究计划和小企业技术转移计划，其中以小企业创新研究计划和小企业技术转移计划对促进美国小企业的技术创新最为成功。

5.3.2　建立完备的信用担保体系

小企业管理局是美国成立的专门执行中小企业信用担保职能的机构，通过该机构对创办之初的小企业或现有小企业提供贷款担保，有效地诱导了商业性金融对中小企业进行贷款融资。同时健全的法律法规为中小企业信用担保体系的正常运行提供了保障。美国的《小企业法》对信贷担保的对象、用途、担保金额和保费标准等都有明确的规定。美国信用担保体系具有覆盖面广、全方位、多层次特征，能为全国范围内的中小企业贷款提供不同性质、不同类型的担保。美国当前形成了三个层次的中小企业信用担保体系。一是全国性的中小企业信用担保体系；二是区域性的专业担保体系，由地方政府操作，因各州情况不同而各有特色；三是社区性小企业担保体系。美国担保基金主要来自政府财政，美国小企业管理局的基金主要由联邦和州财政分担。此外，小企业管理局的经费也由联邦和州财政分担，小企业管理局委托大学和研究机构所做课题的经费也由政府承担。灵活的运作机制和多样化的服务满足了中小企业的不同需求。美国中小企业担保体系通过不断创新担保方式和担保种类，如"长期贷款担保""简化手续贷款担保""微型贷款担保"等，提高了金融机构向中小企业提供金融服务的意愿，保证了中小企业有充足的资金来源。此外，美国中小企业担保体系还为中小企业提供诸如小企业规划、账目管理、现金流量分析、贷款以及制定预算等咨询服务。美国信用担保体系还设有一套完整的分散和规避风险机制。

5.3.3　建立多层次股票市场体系和发达的证券市场

美国股票市场体系具有多层次性，由多个不同上市标准的市场构成，能够满足不同企业不同筹资规模的需要，有力地推动了美国科技创新和经济增长。美国各个层次市场之间存在升降板机制，各层次市场实现了一种无缝隙对接。具有优胜劣汰性质的转板机制不仅能有效地激发中小企业不断成长，而且还能提高整个市场体系的活力与质量。场外交易市场是整个多层次股票市场的基础，大规模、高质量的场外交易市场确保了美国多层次股票市场的健康发展。纳斯达克市场实现了创新型小企业的规模性融资，并且为风险投资基金的最终撤离建立了良好的退出机制，实现了股票市场与风险投资的相互联动，促进了风险投资事业的发展。美国上市公司普遍实行股权激励制度，充分调动了科技人员的积极性，大大缩短了科学技术与产业的距离。

美国资本市场是以企业债券为主的资本市场，发行债券是美国企业外源融资的主要方式，其融资的灵活性、市场容量以及交易活跃程度都远远超过股票市场。美国债券市场规模相当于 GDP 的 143%，债券市场的规模是股票市场的两倍以上。在美国，企业发行债券较自由，在法律上对发行债券形成的负债总额不做限制。可发行的债券种类多，科技创新企业能够方便地发行资信评估低级或无等级债券。活跃的垃圾债券包销市场也为科技创新企业提供了一个便捷的融资平台。

5.4 粤港澳大湾区金融支撑新兴产业发展的模式创新

5.4.1 商业银行支撑模式

1. 国内外商业银行支撑新兴产业的传统模式

1）美国的硅谷银行模式

硅谷银行是美国商业银行服务科技企业的一种重要模式，目前国内一些商业银行已经借鉴了这种模式。具体而言，硅谷银行依托于与投资机构建立风险共担机制，为初创和成长期的科技型企业提供流动资金贷款和增值服务。该模式的关键成功因素有三方面。一是发达的市场环境。在金融制度环境方面，银行业采取混业经营模式；在法律环境方面，有成熟的知识产权/专利保护体系；此外，硅谷还拥有完整的包含大学、研究机构、政府、银行、私募基金和风险资本、各种中介服务机构在内的科技金融生态圈。二是在人才方面，具有一批了解特定科技产业、掌握风控技术（如股权与知识产权估值等）的人力资源。三是成熟的风险共担机制。风投产业发展较为成熟，因此可以与获市场认可的大型投资机构建立风险共担机制。

2）国内的风险分担模式

国内商业银行主要采用风险分担模式，即围绕政府的政策和资源支持，为成熟期和大型科技型企业提供信贷融资，商业银行通过与具有政府背景的政策性担保机构合作，利用政府资源分担和补偿风险。此外，国内商业银行也采用抵押贷款模式。该模式的实质是一种风险共担机制，由于商业银行人员经验和风控能力有限，倾向于为较稳定的成熟期企业服务，要求企业提供一定的抵押担保。由于抵押贷款模式要求企业提供一定的抵押担保，这种模式的普惠性不强，金融资源很难覆盖到中小型科创企业，特别是缺乏抵押的初创企业和轻资产运营企业。

除了采用风险分担模式和抵押贷款模式以外，当前国内个别商业银行也在金融产品、金融机构、服务模式、内部管理体系优化等方面进行积极探索，在适度控制科创企业风险的同时，不断开拓这一领域存在的商业盈利机会。其中，国有大型商业银行受社会责任、综合实力、人才储备、客户结构等一系列因素的影响，在对科创企业的服务上更有动力和能力，并且通过系统集成的方式加强综合金融服务。

2. 商业银行支撑新兴产业的产品创新体系优化

1）基于生命周期的产品创新

a. 推出分周期的科技金融产品

通过建立客户培育库，将科创企业分为初创期、成长期、Pre-科创板三个不同阶段，针对不同阶段企业的融资需求，分类别打造差异化竞争产品。例如，针对初创期企业，创新推出"A 轮融资贷""科技保险贷"等；针对成长期企业，创新推出"投资过桥贷"等；针对 Pre-科创板阶段企业，创新推出"信用贷"等。

b. 推出分阶梯的科技金融产品

分阶梯的金融产品的典型代表是科技阶梯贷。科技阶梯贷产品对发展初期的科技型企业优化贷款利率，采用前低后高的贷款利率定价方式，并根据约定比例，当科技型企业发展达到触发条件时，再收取对应利息，降低科技创新企业发展初期融资成本，从而吸引在初创阶段对融资价格较为敏感的客户。

c. "债权+股权"组合金融产品

从为企业提供单纯的债权融资服务，到联合众多投资机构为企业提供"债权+股权"组合金融产品融资服务，帮助科技型企业在不同阶段更加高效地对接优质投资人。

2）基于知识产权和股权的融资

在科创金融发展初期，通过配套企业的特点推出几款创新型的产品可以在一定程度上满足客户的需求，但是随着科创企业不断发展，几款产品已经满足不了客户需求，商业银行需要配套信贷政策，重新审视其产品体系，通过产品创新体系的优化来服务于蓬勃发展的科创企业。对于科创企业，最核心的是基于知识产权和股权的融资。

a. 创新知识产权融资

构建多渠道的知识产权融资场景，与知识产权创造、评估、担保、交易等多主体开展全面合作，打通知识产权创新链、价值链和资金链的多环节，创新知识产权质押融资模式。一是对技术运用广泛、交易活跃、有明确市场价值的知识产权中的财产权等，积极开展知识产权质押融资业务。二是对有明显技术领先优势的专利权，加强与知识产权或技术评估机构的合作，精准识别并稳妥押住企业核心关键技术或技术组合作为补充信用保障措施，制订专项营销服务方案。三是对有明晰的处置渠道和交易对手的知识产权，在提前设计好处置路径，形成处置闭环的条件下，研究采用质权转股权、反向许可等形式，或借助各类产权交易平台，通过定向推荐、对接洽谈、拍卖等形式设计好质物处置方式，在保障商业银行对质权实现的基础上，联合项目处置方开展知识产权融资。四是对有政府财政支持的知识产权融资项目，在积极寻求政府知识产权质押融资贴息和风险补偿的基础上，与当地政府出资的重点产业知识产权运营基金等知识产权支持基金进行对接，以政府风险补偿措施作为重要担保方式，联合政府机构开展知识产权融资。五是对高校、科研院所的原创性专利技术且符合职务发明专利转移转化条件的，借助研究机构技术转移办公室或科技成果转移转化平台等渠道，探索构建政产学研科创金融生态圈，对专利转移转化平台的综合金融服务。

b. 创新股权质押融资产品

围绕企业未上市股权做好金融服务较为重要的有几点。一是确定估值。对一家处于成长期的企业确定合理的估值不仅是一项工作还是一门艺术，重视预测期间外未来现金流的价值。二是股权流转。未上市公司股权流转范围狭窄，知识产权融资的处置缺少顺畅的渠道。对商业银行而言，由于缺少经营盘活能力，未上市公司股权只有纸面价值，但是对于机构和其他市场主体而言，股权即控制力，通过股权控制可以发挥 1+1＞2 的效果。因此，未上市公司股权质押融资最重要的是在业务开展的同时找到合意的股权交易对手方，提前将股权贬值的风险进行转移。三是产品创新。对上市公司，商业银行已经开发了一套完整的股权质押融资产品体系，对未上市公司可大致参考上市公司股权质押融资的模式，在把握好质押率、警戒线、交易结构的前提下灵活性地进行创新。四是投贷联动产品创新。投贷联动最关键的是确定投和贷的分润机制和风险平滑机制，通过投资端连接客户，提高对科创企业全生命周期的服务能力，并分享客户成长收益弥补贷款上可能的损失。

3. 商业银行支撑新兴产业的服务模式创新

对科创企业金融服务，表面上看是客户选择和客户营销的问题，实质上是商业银行战略决策和经营能力的问题，经营能力具体表现为风险管理能力和综合金融服务能力两个方面。总的来说，商业银行对科创企业的金融服务往往都会遵循产品优化，到科创金融服务模式优化，再到科创金融体制机制优化的演进路线。

1）机构改革创新

a. 商业银行成立科技金融创新中心

中国工商银行是国有大行中较早在全国范围内布局科创企业金融服务中心的银行。目前在深圳、上海、广州和苏州分别成立了四家科创企业金融服务中心，这些科创中心均受到总行的牵头管理和业务指导，分别辐射粤港澳大湾区、长三角地区。通过专营机构协同银行内外资源，开展面向科技创新企业的专业化服务，探索专业化产品创新和投融资评审体系，带动中国工商银行对科技金融市场的整体服务能力。同时，通过打造政府机构联盟、创投机构联盟、产业资源联盟以及资本市场联盟充分整合资源，为科创企业提供全生命周期金融服务，提升科创金融服务能力。其他国有大行，如中国建设银行也加大了科创金融的网点布局，在广州组建了科技金融创新中心，以中心为辐射点，以专项业务领域为发力点，提高对新经济的一体化综合金融服务能力。

另外，在城商行方面，北京银行较早成立了总行级的科技金融创新中心。依托科技金融创新中心，北京银行逐步搭建起业务创新、资源整合和品牌宣传的新平台，完成科技金融产品、客群、网络等的标准化建设，针对不同阶段的科技型企业推出差异化的信贷产品。广东省内的城商行，可以参考借鉴北京银行在服务科创企业方面机构改革的创新经验。

需要强调的是，建立科技创新评审专家库，搭建起政策信息提供、专家咨询、行业动态等的创新资源汇聚的金融智库，对于商业银行科技金融创新中心具有重要作用。从政府、高校、企业等引进行业权威，对科技创新的知识产权、新产品等进行科学估值，针对不同创新行业设定差异化准入标准，精准服务、因客施策。

b. 以机构改革促进科技金融产品创新

仔细观察商业银行机构改革，可以发现机构改革一般都伴随着科技金融产品创新的推进。如北京银行在组建科技金融创新中心的同时，还发布了支持前沿技术企业的综合金融服务方案，推出专属产品"前沿科技贷"，重点聚焦科技前沿领域，着力推进科技和金融的深度融合，实现对原始创新、集成创新、关键技术领域核心企业的金融服务前移，通过引入白名单方式，对相关企业给予授信支持。再如中国建设银行推出了"科技投贷联""科技助保贷"等科技金融专属产品。

以机构改革来推进科技金融产品创新，有以下三点优势：一是基层可以充分接触和了解客户，最能够了解当前金融供给与客户金融需求之间的错配，科技金融产品创新能够直击客户痛点；二是基层承担着一线营销的职能，面对越来越挑剔的客户、越来越激烈的竞争，基层机构有强烈的意愿推出科技金融产品进行差异化的切割营销；三是在当前总分支行的商业银行经营管理结构下，考虑到各地差异化的管理水平、风控措施，自上而下的产品创新比自下而上的产品创新难得多，因此由基层来推动科技金融产品创新有独特的优势。

2）机制创新

机制创新方面，粤港澳大湾区内的商业银行可以发挥好内联外拓的机制作用。一方面，积极发挥内联作用。内联即通过总分机构的纵向联合和集团境内外分子公司的横向联动，争取相应政策和资源，制定差别化的信用、风险评价体系以及绿色审贷通道，针对科技创新企业高风险、高成长性的特点，加快知识产权质押、非上市股权质押、投贷联动等创新融资模式试点，缓解大湾区科技创新企业融资难、融资贵的难点问题，持续为高科技企业"输送血液"，有力支持大湾区创新驱动战略实施。

另一方面，积极发挥外拓作用。外拓即以总行级高规格平台，依托广东省优厚的科技创新市场，与广东省各级政府、高新技术产业园区、孵化器、供应链核心企业等开展总对总合作，并引入风险投资、创业投资、产学研单位、股权交易中心、知识产权评估公司等专业机构，发挥各自长板效应，围绕大湾区内科技型、创新型企业在不同发展阶段的经营特点与发展需求，整合各方优势资源，量身定制金融和非金融服务模式，并协助产业链条企业的对接整合，引导龙头企业与上市公司实施产业并购，有效探索推进科技与金融深度融合模式。

3）商业银行典型服务案例

a. 招商银行"千鹰展翼"计划

招商银行通过发起"千鹰展翼"计划，专门为科创企业提供金融服务方案，旨在每年发掘 1000 家具有成长空间、市场前景广阔、技术含量高的中小企业进行全方位扶持。行业选择上，"千鹰展翼"计划重点关注新能源、新材料、节能环保、生物医药、新一代信息技术等符合国家战略新兴产业政策和未来经济发展方向的行业。客户定位上，"千鹰展翼"主要定位于 Pre-IPO 阶段的拟上市企业，拥有专利、创新型的商业模式且市场前景良好的细分行业龙头企业，近几年业务发展态势良好的高成长企业。

服务模式上，"千鹰展翼"借助招商局集团在银行、证券多牌照等方面的优势，不仅提供创新的债权融资，还通过与私募股权和券商合作为创新型成长企业提供股权融资服务，形成债股联动的运作体系和间接融资与直接融资相匹配的金融服务架构，构建起商业银行、私募股权投资基金、券商三位一体共同服务创新型成长企业的平台。

服务方案上，"千鹰展翼"从创新信贷政策、创新融资产品、搭建私募股权合作平台、创新供应链金融服务、创新跨境交易安排、创新现金管理产品、创新金融市场产品、创新薪酬福利方案、创新电子商务合作和全程持续财务顾问服务等方面，助力创新型成长企业快速发展。此外，招商银行还通过长期支持中国创新创业大赛，挖掘、支持了一大批潜力客户，并在业内树立了良好的科创金融形象。

b. 中国建设银行"创业者港湾"

中国建设银行在深圳发布了"创业者港湾"品牌，是中国建设银行与多机构共建的服务中小科创企业的"平台中的平台"。行业选择方面，与招商银行"千鹰展翼"计划类似，建设"创业者港湾"主要聚焦 5G、人工智能、网络空间科学与技术、生命信息与生物医药等国家战略新兴产业，并基于科创企业成长周期前移金融服务，有效增加科创企业金融供给。合作机构方面，中国建设银行与政府部门、知名创投、核心企业、科研院校、孵化机构等平台合作，这也是中国建设银行获得客户的入口。

服务模式方面，"创业者港湾"首创"四位一体"指标评价体系，对科创中小企业进行精准画像，并通过 P 端（合作平台）批量化获客，经过 B 端（中国建设银行）专业化审批，联动 I 端（投资机构）构建投贷联动的风险补偿机制，为 C 端（中小科创企业客户）提供综合化服务，形成了 PBIC 一体化服务模式，确保"精准滴灌"到"硬科技、高成长"的科创企业。

生态建设方面，"创业者港湾"不仅是一个物理孵化场所的概念，而且是一个涵盖线上+线下的综合金融生态，通过投递联动、风险补偿、经营指导等一系列机制，为科创企业提供全景式、全要素、全生命周期的资金支持，并依托建行大学愚公学院为其提供免费教育，帮助企业融资，同时实现融智，打造"金融+科技+产业+教育"的线下+线上科技创新综合孵化生态。

c. 浦发硅谷银行的"科技银行"模式

浦发硅谷银行成立于 2012 年，由美国硅谷银行与上海浦东发展银行合资建立，是中国首家专注服务于科创企业和投资人的科技银行。除上海总行以外，浦发硅谷银行先后于 2017 年和 2018 年在北京和深圳开设了分行，完成了对中国三大创新中心区域的布局。截至 2021 年 6 月，浦发硅谷银行共服务约 3000 家企业客户，从 2017 年至 2020 年第二季度，共有 36 家客户上市，其中包括了 2020 年新上市的 6 家客户。作为中国首家科技银行，浦发硅谷银行专注服务科创企业，不以营利、抵押物为衡量标准，而看重企业的成长性及未来价值。从行业上看，目前客户群涉及 40 多个赛道，有商业模式创新、消费类的，也有硬科技，如产业互联网和医疗健康等。

4）内部体系优化创新典型案例

a. 中国建设银行"Fit 粤"

中国建设银行在广东试点推出了"Fit 粤"科创企业综合金融服务方案，目前已经推出 4.0 版本，提出了"技术流、能力流"的科创企业评价模型，颠覆了商业银行一直以来高度依赖财务报表来评价科技型企业的历史，打破了企业知识产权和技术无法为科技评价加分的尴尬困境。"技术流"主要通过多维度量化测评企业科技创新行为和成果，完全以企业拥有的知识产权为基础，对企业成立以来的各项发明专利、实用新型专利、外观专利、软件著作权等进行评价和分析，能够把相对定性的知识产权通过在数量、结构与分布和时间轴上的变化趋势等以相对量化的方式进行分析，对企业未来发展潜力和趋势进行预判，并设计了"发明专利密集度""科技创新成果总含量""高新技术企业科技创新成果净含量""科技创新早慧度""研发投入强度""研发投入稳定性"等一系列可量化、可评价的指标和标准体系。

b. 中国工商银行专属评级和授信模型

中国工商银行在业内首先针对科创企业推出了专属评级和授信模型，侧重企业的技术、人才、市场前景等指标，并结合财务等传统分析方法，针对科创企业的特点重构了一整套专属的评价办法，对企业的评价越精准，越能够反映企业的真实水平。同时，为解决商业银行对企业技术风险看不懂、不敢做的问题，中国工商银行还与国家科技评估中心合作，借助国家科技评估中心的专业力量分析客户的技术风险。

4. 商业银行支撑大湾区新兴产业的路径

结合以上国内外实践经验与相关典型案例的总结比较，商业银行机构在支持粤港澳大湾区的科技企业、产业时可以从机构、产品、机制、模式等方面加强创新。

一是在粤港澳大湾区内创新从事科技金融服务的科技银行组织形式。商业银行机构可以在高新技术产业开发区、国家高新技术产业化基地等科技资源集聚地区通过新设或改造部分分（支）行作为从事中小科技企业金融服务的专业分（支）行或特色分（支）行。

二是加快完善粤港澳大湾区内商业银行科技信贷管理机制。改进科技企业贷款利率定价机制，充分利用贷款利率风险定价和浮动计息规则，根据科技企业成长状况，动态分享相关收益。完善科技贷款审批机制，通过建立科技贷款绿色通道等方式，提高科技贷款审批效率；通过借助科技专家咨询服务平台，利用信息科技技术提升评审专业化水平。完善科技信贷风险管理机制，探索设计专门针对科技信贷风险管理的模型，提高科技贷款管理水平。

三是丰富粤港澳大湾区内商业银行科技信贷产品体系。在有效防范风险的前提下，商业银行可以加强与创业投资、证券、保险、信托等机构的合作，创新交叉性金融产品，建立和完善金融支持科技创新的信息交流共享机制和风险共控合作机制。推动符合科技企业特点的金融产品创新，逐步扩大仓单、订单、应收账款、产业链融资以及股权质押贷款的规模。此外，粤港澳大湾区内商业银行要大力发展知识产权质押融资。商业银行机构可以通过加强知识产权评估、登记、托管、流转服务能力建设，规范知识产权价值分析和评估标准，简化知识产权质押登记流程，建立知识产权质物处置机制，为开展知识产权质押融资提供高效、便捷的服务。

四是创新粤港澳大湾区内商业银行科技金融服务模式。商业银行可以开展还款方式创新，开发和完善适合科技企业融资需求特点的授信模式。积极向科技企业提供开户、结算、融资、理财、咨询、现金管理、国际业务等一站式、系统化的金融服务。加快数字化转型改造升级，为商业银行服务科技企业赋能，在符合监管要求的前提下充分利用金融科技手段，提供高效、便捷、精准的金融服务。

5.4.2　资本市场支撑模式

1. 资本市场支撑新兴产业的优势与途径

1）支撑优势

长期以来严格进行风控的信贷式融资对于创新经济的包容性、覆盖率相对不足，创新经济更多地需要直接融资的支持。科技创新活动研发投入大、技术迭代快、经营不确定性高，同时具有高智力、轻资产的特点，多数科技创新型企业需要较大规模的资本投入，早期盈利不确定性大，这与传统商业银行机构等间接融资服务方式有很大不匹配性，传统金融机构往往"不敢投""不愿投""不能投"。而通过资本市场能够为科创企业、产业提供更多风险承受度高、金融支持周期长的资金。一个有纵深、有韧性、有良好定价机制的资本市场，对于科技企业、产业的发展极为重要。

作为金融体系的重要组成部分，由场内交易所、场外私募以及各类中介机构、监管机构组成的资本市场生态是推动金融与科技融合发展的重要保障。资本市场特有的风险共担、收益共享机制，使其天然具有支持科技创新的特点，在大力推动直接投融资方面和提供长期资本方面起到根本性的助力，在推动生产要素向更具前景、更具活力的领域转移和集聚以及支持科技创新、助推产业转型升级等方面，资本市场发挥着基础性、战略性作用。作为连接金融、产业、科技三大领域的平台枢纽，资本市场融资本聚集、资本形成、资本退出为一体，将在促进金融与科技融合中发挥积极作用。

2019 年以来，我国科创板设立、创业板改革、港交所改革等，缩小了中、美之间股权融资的差距，特别是特殊 IPO 条件、注册制改革等措施，为创新型企业在中国沪、深、港上市扫除了障碍。资本市场改革将成为支持粤港澳大湾区技术创新的主力政策工具。

2）支撑途径

资本市场对产业和具体企业的市场发展空间、利润增长趋势具有高度敏感性，会从正反两方面发挥激励约束作用。上市科技企业的创新效益也会在股价和市值中得到良好反映，一个有效的资本市场也会通过股价和市值变化反馈于科创公司，引导其开展更多的技术创新，从而在资本要素与技术要素之间形成相互促进的良性循环。此外，资本市场的优胜劣汰功能和促进并购重组功能，能够加速劣势企业的市场化出清，减少落后企业对初创科技企业的金融资源挤压。

从全球经济发展的实践看，科技型创新企业的发展壮大往往离不开完善的多层次资本市场体系支撑。一是资本市场的估值方法更加多元化，可以对科技创新企业准确定价并识别风险。二是股权投资具有独特的风险代偿机制，其收益可以补偿相应的投资风险。三是通过风险投资、私募、IPO、并购重组等方式，能够为不同生命周期的企业提供差异化、全方位的金融服务。

伴随我国多层次资本市场体系不断丰富完善，资本市场服务科技创新的能力逐步提升。在多层次资本市场体系中，服务科技创新的板块日益丰富，错位发展，为处于不同发展阶段的科创企业提供相应的投融资支持。未来，发展资本市场支持我国科技创新企业、产业发展，除了要大力培育和壮大包括创业投资、天使投资、私募股权基金等创业投资机构，还可以充分利用深交所创业板、上交所科创板吸引优质上市企业，更好发挥港交所在支持大湾区科技创新方面的积极作用。

2. 发挥证券交易所支撑大湾区新兴产业的作用

1）发挥深交所的支撑作用

建设国际科技创新中心是大湾区发展规划的重要内容，打造国际领先创新资本形成中心是深交所建设发展的核心目标，两者紧密联系、充分契合。深交所主板、中小企业板尤其是创业板将在打造粤港澳大湾区国际化创新平台中发挥更大的作用。特别是创业板的定位是激励创业、引领创新，有效结合科技与资本，引导各类要素流入高新技术产业，打造中国创新资本形成的生态体系，不断为中国经济创新发展注入新动能。

2020 年 4 月 27 日，中央全面深化改革委员会审议通过了《创业板改革并试点注册制总体实施方案》，中国证券监督管理委员会（简称证监会）和深交所相继就创业板改革规章制度向市场征求意见。6 月 12 日，证监会发布了有关创业板注册制的首发办法、再融资办法、持续监管办法、保荐办法等四个管理办法；深交所则发布了八项主要业务规则和 18 项配套细则，相关管理办法自公布之日起施行。8 月 24 日，创业板改革并试点注册制顺利落地。对比 2009 年开板时"促进自主创新企业及其他成长型创业企业的发展"的笼统表述，修订后的创业板定位更为清晰，要求"深入贯彻创新驱动发展战略，适应发展更多依靠创新、创造、创意的大趋势，主要服务成长型创新创业企业，支持传统产业与新技术、新产业、新业态、新模式深度融合"，简称"三创四新"。

不同于作为增量改革的科创板注册制改革，创业板的注册制改革会引领存量改革，现有发行审核体系或将发生变化。与科创板定位于主要服务"硬科技"企业不同，创业板对各类创新创业企业拥有更强的包容性。以创业板允许符合国家战略的高新技术产业和新兴产业相关资产在创业板重组上市为例，其就是为新经济企业发展提供支持，发挥创业板服务成长型创新创业企业，支持传统产业与新技术、新产业、新业态、新模式深度融合的功能作用。尽管创业板与科创板的定位都聚焦科技创新，相比较而言，创业板包容性更大，能在科创板发行上市的公司都可以在创业板上市。

深交所创业板改革并试行注册制以来，系统完善了交易、再融资、日常监管、退市、投资保护等资本市场的一些基础性制度，切实增强了服务创新创业的能力，更好助力资本与科技、实体经济进行相互的融合。未来，为了建设优质创新资本中心和世界一流交易所，深交所要优化已经实施注册制的创业板的服务功能，更好地发挥创业板对成长型创新创业企业的服务，为存量市场改革积累经验。

在其他改革方面，根据《深圳建设中国特色社会主义先行示范区综合改革试点实施方案（2020—2025 年）》的部署，深交所可以以下工作为抓手，推动大湾区科技与金融融合发展。一是加快建设新三板精选层挂牌企业转板上市机制，畅通多层次市场互动连接，增强市场活力。2020 年证监会已就新三板精选层向科创板、创业板转板上市发布了指导意见，正在制定相关规则，为多层次资本市场打开有机联系的通道。二是开展创新企业境内发行股票或存托凭证试点。完善创新企业境内发行上市制度，推动具有创新引领示范作用的企业发行股票或存托凭证并在深交所上市，强化创新企业信息披露，保护投资者合法权益。

2）发挥港交所的支撑作用

香港资本市场积极参与大湾区建设的第一个重要着力点，就是建设大湾区的高新技术产业融资中心。过去二十多年来凭借"一国两制"和国际金融中心的优势，香港资本市场已经成长为一个高度国际化和高度中国元素的资本市场，有效承载了远超本地经济规模的投融资需求。香港资本市场是吸引海外资本参与地区建设的重要通道。一方面，香港市场作为国际领先的金融市场，金融基础设施和制度对海外资本的服务能力更强，另一方面，大湾区概念及可证券化主体，可以通过香港市场实现全球范围的定价估值和价值发现，提高地区内资本配置效率。早在 2016 年，港交所就制定了《战略规划 2016-2018》，首次提出了连接内地与世界、重塑全球市场格局的愿景。一方面倾力打造和不断完善连接两地市场的互联互通平台，为内地投资者和海外投资者提供更多便利和选择，另一方面推动了上市制度改革进程，提升香港作为上市地的竞争力。

然而，由于创新架构的新经济公司一直被香港市场拒之门外，港交所在全球IPO 集资总额的排名这几年有所下滑，特别是在 2017 年香港市场 IPO 集资额创下了过去 5 年新低。因此，为了能够吸引新经济企业赴港上市，进一步推动创新经济发展，提高港交所国际竞争力，香港于 2017 年启动了近 25 年来最重大的一次上市制度改革，致力于发展成为中国企业及国际企业寻求中国投资机遇的全球首选跨资产类别交易所，新的上市规则在 2018 年 4 月 30 日正式启用；同时修订现行有关海外公司的上市规则条文，设立新的第二上市渠道，吸引在合资格交易所作主要上市的创新产业发行人。2020 年 10 月 30 日，港交所刊发有关法团身份的不同投票权受益人的咨询总结，其中对创新产业公司提出在新豁免安排下，采用法团不同投票权架构的合资格发行人也可在香港申请第二上市。

香港上市制度改革将为香港资本市场注入新的活力，营造良好的投资者基础和投融资环境，给新经济公司的发展和上市带来全球化变革，提升香港金融中心的竞争力，巩固香港国际金融中心的地位，使大湾区市场成为创新公司发展的摇篮。港交所此次上市规则的改革，极大地降低了生物医疗类企业赴港上市的门槛，港交所为研发阶段的生物医疗企业提供了一个融资渠道，更重要的是形成了定价机制。未来将会有更多新经济企业进入香港资本市场，并通过香港走向世界。

3）发挥上交所科创板的支撑作用

设立科创板并试点注册制就是资本与科技加速融合的例证，兼具更好培育中国高科技创新产业，以及为存量的资本市场做好增量改革试验区的双重使命。科创板定位于"面向世界科技前沿、面向经济主战场、面向国家重大需求，主要服务于符合国家战略、突破关键核心技术、市场认可度高的科技创新企业"。科创板允许尚未盈利的科技公司发行上市，重点支持高新技术产业和战略性新兴产业，鼓励"硬科技"公司发行上市。硬科技是指以人工智能、航空航天、生物技术、光电芯片、信息技术、新材料、新能源、智能制造等为代表的高精尖科技（其他符合科创板定位的深度应用科技创新领域的企业，如金融科技、科技服务等，也属于科创板服务范围）。

科创板启动首年在创新突破中平稳有序运行，弥补了 A 股发行制度在服务科技创新类企业方面的短板，缓解了科技型企业轻资产、高投入等天然属性与我国目前仍以间接融资方式为主之间的矛盾。从已上市公司情况看，科创板公司研发投入与营业收入之比、研发人员占公司人员总数之比、平均发明专利数量等均高于其他市场板块。一批处于"卡脖子"技术攻关领域的"硬科技"企业、具有关键核心技术的标杆企业在科创板上市或已进入审核阶段，产业聚集和品牌效应逐步显现。随着创业板注册制改革的推进，资本市场服务科技创新和实体经济的能力大幅提升。

科创板对于大湾区高科技企业、产业发展具有积极的意义。粤港澳大湾区要抢抓科创板的重大机遇，积极推动具有市场较高认可度的、扎实做研发、有较高核心技术实力的大湾区优质科技企业到科创板上市，更好地利用资本市场促进创新驱动发展战略的实施，推进大湾区经济高质量发展。

3. 引导其他资本市场主体支撑大湾区新兴产业

1）发挥广东省地方股权交易所的作用

从多层次资本市场中位于塔基层的区域性股权交易市场来看，2018 年 7 月之前广东拥有广州股权交易中心、广东金融高新区股权交易中心以及深圳前海股权交易中心 3 家区域性股权交易中心，广东的风投创投退出机制拥有得天独厚的优势。2018 年 7 月，前二者整合为广东股权交易中心，展示、挂牌、托管公司、累积融资总额等各项综合指标均位居全国前列。其中，深圳前海股权交易中心是经国务院办公厅、证监会和深圳市政府批准设立的区域性股权市场，包括标准板、孵化板、海外板等三大板块，运作特色鲜明。

要充分发挥广东省地方股权交易所在服务大湾区创新型、创业型、成长型科技方面的作用。通过规范发展区域性股权市场，使之成为企业投融资对接平台、企业改制规范平台、政府扶持资金运用平台。具体来看，一是研究设立专门服务于区域性股权市场的小微证券公司试点，建立区域性股权市场与新三板的合作机制。二是探索开展股权众筹融资试点，为创新创业者开辟新的股权融资渠道。三是加快建立工商登记部门与区域性股权市场的股权登记对接机制，支持股权质押融资。

2）构建粤港澳大湾区新型产权交易资本市场

2017 年广东交易控股集团及南方产权、广州产权、深圳产权、珠海产权共同投资成立了广东联合产权交易中心，实现了交易系统、交易规则、信息发布、交易鉴证、监测系统、服务收费的"六统一"。作为广东全省统一的产权交易市场，广东联合产权交易中心是大湾区非标准资本市场的重要枢纽，也是大湾区现代金融体系的组成部分。未来，要依托广东省产权交易资本市场，打造大湾区多元化、国际化的科技成果转化平台，促进知识产权交易和流转。具体来看，构建粤港澳大湾区新型产权交易资本市场，可以不断完善广东联合产权交易中心的基础功能，包括以下几个方面。

一是对接香港、澳门资源要素市场，构建粤港澳大湾区资源要素市场化配置和流转的金融基础设施平台。二是积极吸收私募股权基金等作为投资类会员进入产权交易市场，发挥私募股权基金在非上市科创企业的培育和融资等方面的功能，将科技型企业纳入产权市场挂牌融资。三是探索和实践非标准资本市场与标准资本市场的制度对接，充分运用产权市场的公信力和非标准市场融资功能，进一步清晰科技型企业的股权结构，完善企业公司治理结构，为企业最终进入证券等标准市场打下扎实基础。四是探索完善知识产权和科技成果产权市场化定价与交易机制，积极开发构建专利价值评估模型或工具。建立连接技术市场与资本市场的区域性综合服务平台，为大湾区科技成果交易、转移转化提供一站式服务。完善确权、登记和公示等基础功能，形成知识产权和科技成果产权市场化定价与交易机制，优化科技成果信息管理、检索和分析。

同时，进一步强化大湾区股权交易中心和产权交易中心的"科技创新板"孵化、挂牌、融资、交易等功能，积极培育创新创业企业。一是探索利用各类产权交易机构为非上市小微科技企业提供股份转让渠道，建立健全未上市科技股份公司股权集中托管、转让、市场监管等配套制度。二是加快发展统一的区域性技术产权交易市场，推动地方加强省级技术产权交易市场建设，完善创业风险投资退出机制。三是鼓励符合条件的区域性股权市场挂牌公司到新三板挂牌或证券交易所上市。在新三板改革中，积极落实新三板转板上市试点、与区域性股权市场合作对接的改革要求，发挥好新三板在交易所和区域性股权市场之间承上启下的作用，为形成上下贯通的多层次资本市场体系创造良好条件。

3）发挥专业性投资公司的直接融资作用

支持证券公司直投子公司、另类投资子公司、基金管理公司专业子公司等，在风险可控前提下按规定投资非上市科技企业股权、债券类资产、收益权等实体资产，为不同类型、不同发展阶段的科技企业提供资金支持。同时积极推动创业投资发展壮大。发挥政府资金杠杆作用，充分利用现有的创业投资基金，完善创业投资政策环境和退出机制，鼓励更多社会资本进入创业投资领域。推动粤港澳大湾区各地政府部门设立的创业投资机构通过阶段参股、跟进投资等多种方式，引导创业投资资金投向初创期科技企业和科技成果转化项目。

4）更好利用债券市场助力科技企业融资

科技企业可以通过发行企业债、公司债、短期融资券、中期票据、中小企业集合票据、中小企业集合债券、小微企业增信集合债券、中小企业私募债等产品进行融资。目前，在大湾区内部，中央国债登记结算有限责任公司深圳中心已配建超过 2000 平方米路演、发行场地，服务南方地区地方政府债、企业债券市场，与深交所服务的公司债、资产证券化产品等产品相互组合，形成完备的债券市场服务体系。下一步，要加快建设粤港澳大湾区债券平台，探索实现湾区债券市场互通，推动"广州—深圳—香港—澳门"科技创新走廊相关机构在银行间债券市场、交易所债券市场发行创业投资基金类债券、双创债务融资工具、双创金融债券和创新创业公司债。

完善和落实创业投资机构相关税收政策，推动运用财政税收等优惠政策引导创业投资机构投资科技企业，支持符合条件的创业投资企业、股权投资企业、产业投资基金发行企业债券；支持符合条件的创业投资企业、股权投资企业、产业投资基金的股东或有限合伙人发行企业债券。支持大湾区建设企业债券"直通车"

机制。改变传统财政资金直接扶持模式，对大型科技企业给予企业债发行支持和贴息支持，提高辖区直接融资比例，对中小创新型企业给予股权支持，拓宽企业融资渠道。

5）在金融开放背景下加强内外资本市场联动

粤港澳大湾区资本市场可以在完善"深港通"的基础上，利用好"深伦通""深新通""伦港通"等探索方式联通境内外资本市场，提高机构投资比例，提升直接融资比重，满足高新技术企业的直接融资需求。

5.4.3 私募基金支撑模式

1. 国际经验

1）发达国家的经验

纵观国内外发展经验，一个国家股权融资能力越强，就越能够促进技术变革和创新发展。私募基金将社会资本转化为金融资本，进行股权投资，成为支持创新创业资本的重要载体。从国际比较视角看，美国硅谷和以色列在信息技术、移动互联网、人工智能、生物医药、基因技术等领域的成功，不仅推动了本国经济的可持续发展，也引领了全球产业发展方向。以美国为例，经过政府推动的银行系统支持创新创业尝试的失败和长达半个世纪的市场化选择，私募股权创投基金成为美国早期创新资本形成的重要力量，与纳斯达克等公开股权融资市场共同构成功能完备的资本市场，满足了不同类型、规模及发展阶段企业的融资需求，成为美国引领全球创新发展的重要原因。而以色列创新资本形成路径和创业生态系统的培育中，政府的引导作用功不可没。1974 年以色列政府成立了首席科学家办公室，1985 年国会通过了《工业研究和开发鼓励法》，规定首席科学家办公室将辅助科技发展作为促进经济的重要手段等职责。1992 年组建国内第一只政府创业引导基金，撬动社会资本特别是境外机构投资者，支持创新企业的发展。政府创业引导基金解决了以色列支持高科技产业增长缺乏足够投资商和资金的市场失灵问题，与美国等海外投资商建立了全球合作网络。在以色列优秀的教育体系、国防精英研究单位和跨国公司研发中心等创新因素的共同推动下，以色列发展出了全球最先进的高科技生态系统，在创新发展方面独树一帜。

国外经验给我们提供了很好的启示：私募股权及创业投资基金作为有效的金融工具、创新的制度安排，不管是市场选择，还是政府引导，只要遵循基金的本质和市场的规律，都能推动高科技发展，完善科技生态，筑就创新高地。

2）国际领先湾区的经验

在创新资本形成的机制方面，旧金山湾区是国际领先湾区的标杆。围绕着科技创新型企业，旧金山逐步发展出覆盖企业发展全周期的风险投资产业链（包括天使投资、私募股权投资、风险投资），在硅谷的大型城市如旧金山、洛杉矶等，从军工电、半导体计算机硬件行业向互联网、新能源、人工智能等产业升级，大量风险投资在旧金山湾区扎根。此外，旧金山湾区的风险资本还与纽约湾区多层次资本市场对接，打通了风险资本退出的渠道，形成了良好的生态循环。

从国际领先湾区比较的视角看，2015~2020 年上半年，纽约湾区在投资阶段方面投向种子轮的案例数最多，在地域方面主要集中于纽约市，总体以投资处于种子轮的企业为主，近年来投资处于 A 轮的企业比例有所上升；旧金山湾区在投资阶段方面投向种子轮的案例数最多，在地域方面旧金山市占据半壁江山，总体以投资处于种子轮的企业为主，近年来各阶段的投资数量比例基本持平，无较大变动；东京湾区在投资阶段方面投向种子轮的案例数最多，在地域方面主要集中于东京都，总体以投资处于种子轮的企业为主，近年来投资处于 B 轮、C 轮的企业比例有所上升。

总体而言，三大领先湾区股权投资市场发展的启示主要表现在：一是股权投资重点投向早期企业，推动区域创新能力的发展；二是股权投资行业重点转向软环境的消费和服务持续升级的产业；三是推动创新主体科研实力建设，并加强产学研模式的探索与推广；四是注重培育区域的创业环境，增强城市创新创业活力；五是设立区域一体化发展基金，促进区域产业协同发展；六是完善资本市场退出渠道和机制，促进股权投资退出。

2. 私募基金支撑大湾区新兴产业的路径

1）私募基金支持大湾区科创企业的重点

从重点城市看，港澳机构投资者可以通过合格境外有限合伙人参与投资粤港澳大湾区内地私募股权投资基金和创业投资企业基金，参与粤港澳大湾区创新型企业融资；深圳可以依托良好的产业优势，大力发展国资基金群，不断培育和集聚头部管理机构，有力支持深圳高新技术产业高质量创新发展，并不断提升深圳创业投资在全国的影响力；广州可以在政策端提供财政引导与流程简化的支持，并积极利用自贸区政策，全方位吸引、集聚和发展股权投资，大力依托科教资源优势发力创新创业项目，为发展股权投资提供高质量的项目支持；珠海可以依托横琴自贸区出台系列政策，吸引大批机构和基金集聚，聚焦发展重点产业，促进股权投资对实体产业提供强力支撑；东莞可以大力推动股权投资基金业配套政策完善，通过政府提供的落户奖励进一步促进基金产业的集聚，提升各类机构对高新技术企业和先进制造业的投资。

下一步，粤港澳大湾区股权投资市场发展需要重点围绕五大方面发力。一是聚力实体经济，促进湾区产业链实现优化和升级，将资金投向保障我国产业链安全与完整的领域，推动深化供给侧结构性改革，在国内市场承接全球价值链上游产业，实现产业链现代化和产业基础高级化，进而逐步构建起相互交织的国内国际双循环机制，进一步巩固我国已有产业优势，构建互利共赢、和谐安全的新型产业链体系；二是深化创新驱动，进一步推动基础研究和科技创新，不断加大对科技创新企业和项目的投资，着力完善以企业为主体的区域技术创新体系；三是推动区内协同，打造湾区股权投资交流协同机制，发挥湾区内各城市在产业、资金、项目、人才等方面的差异化优势，建立湾区内资金端与项目端的共享平台；四是借鉴标杆经验，大力发展早期投资培育产业集群，引导湾区内股权投资向早期阶段倾斜，着力培育推动科技变革和产业发展的创新企业集群，为粤港澳大湾区实现产业转型升级提供支撑；五是聚焦重点城市，支持将深圳打造成为区内股权投资高地，充分发挥头雁效应，带动整个粤港澳大湾区股权投资市场实现跨越式发展。

　　2）建设大湾区私募股权交易市场

　　通过建设大湾区私募股权交易市场，进一步推动大湾区私募市场发展壮大，增加创新创业资本的有效供给，完善风险投资机制，扩大创业投资、天使投资，吸引更多民间资本流向科技创新领域。

　　优化私募基金市场准入环境，引导风险投资、私募股权投资为粤港澳大湾区科创中心建设发挥更大作用。鼓励更多风险投资、私募股权投资机构备案登记，让更多的私募基金更加阳光化、规范化运作，并进一步发展壮大形成一个为大湾区科技创新服务的新兴金融服务产业。推动从事私募基金业务的公司或合伙制企业实行统一的注册名称和经营范围字样，登记注册后限期备案，建立并完善市场监管、金融监管等部门私募基金登记注册信息互联互通机制。完善私募基金管理人及私募基金产品登记备案流程，为符合条件的管理人和基金产品开辟绿色通道，提升准入、募资、退出等环节便利化程度。建立私募基金分级分类监管机制，完善私募基金托管制度，加强账户行为监管，解决影响出资人权益保护的障碍和问题，提高违法违规成本，不断完善风险防控机制，借鉴可变资本公司等先进经验，试点探索私募基金新形态，推动私募基金行业规范、健康发展。

　　此外，大湾区还需要积极探索配套制度的创新和试点。一是完善中长期资金投资私募股权基金的政策规定，鼓励长期投资，提升此类投资机构支持科技创新的能力。目前，粤港澳大湾区有上万亿元的风险资本，要把更多的长线资金吸引到风险投资或者创业投资的市场上，对比美国市场，养老基金和大学基金都是非常重要的长线基金来源，而国内很多私募基金面临着募资困难、有限合伙人出资撤回等问题，建议在粤港澳大湾区进行率先探索，把区内的一部分养老基金或者保险基金投入到风险投资的行业里。

二是降低私募基金的投资风险。由于前沿科技领域投资的高风险性，对于投资前沿科技领域的私募基金，粤港澳大湾区可借鉴国际经验积极为私募基金提供发挥其风险识别功能的平台。同时，进一步完善现行的私募股权基金税收优惠政策。通过风险分散、税收抵免等机制，降低前沿科技研发投入的投资风险，调动私募基金在前沿科技领域的投资积极性，引导社会资金通过规范的渠道投向科技创新领域。

三是支持规范设立粤港澳大湾区相关基金。在依法合规的前提下，支持粤港澳三地机构共同设立粤港澳大湾区科创基金，支持保险资金、银行理财资金按规定参与相关基金。吸引内地、港澳地区及海外各类社会资本，为粤港澳大湾区科创产业和企业提供资金支持。

四是支持非投资性企业开展股权投资试点。允许粤港澳大湾区内地非投资性企业资本项目收入或结汇所得人民币资金用于符合创新创业目标的境内股权投资。

五是根据《深圳建设中国特色社会主义先行示范区综合改革试点实施方案（2020—2025年）》部署，依托深交所，优化私募基金市场和创业投资企业市场，通过制度创新营造鼓励创业企业、风险投资兴业的营商环境。

5.5　本章小结

大湾区金融、企业、社会文化、科技人才等创新资源基础雄厚，具有活跃的民营经济、高度完备的产业链条、丰富的金融和创新要素，研发、生产和市场能够快速有效对接。这些优势有利于充分释放金融与新兴产业的耦合效应。然而，大湾区金融对新兴产业的承载力仍不足。一方面，大湾区的金融体系和金融产品尚不能满足新兴产业发展的需求，如资本市场缺乏多层次的股票市场，证券市场结构单一，限制了科技企业的融资，初创期科技型中小企业很难通过大湾区的股票和证券市场直接融资；另一方面，粤港澳三地体制机制的差异性使得三地之间金融资源的流动性差，阻碍了大湾区金融产业能级的提升，不能在大湾区的整体框架下创新出新兴产业发展所需的金融产品。进一步，本章探讨了商业银行支撑模式、资本市场支撑模式、私募基金支撑模式这三种模式如何支撑粤港澳大湾区新兴产业的发展。

第 6 章

粤港澳大湾区新兴产业发展的
新基建支撑体系

以第五代移动通信、人工智能、工业互联网、物联网等为代表的新型基础设施建设本身就是推动新兴产业发展的战略举措。此外，新型基础设施的发展还能带动生物医药、新能源、新材料等其他新兴产业的发展。粤港澳大湾区加强新型基础设施建设将进一步推动新兴产业的高质量发展。因此，本章将研究粤港澳大湾区新兴产业发展的新基建支撑体系。

6.1 新型基础设施对新兴产业发展的作用

6.1.1 数字化基础设施是科技创新及产业发展的底层支撑

数字化基础设施是指支撑科学研究、技术创新等具有公益属性的基础设施。如建设先进光源、散裂中子源等支撑多学科研究的重大科技基础设施，提升现有设施性能及使用效率。这些重大科技基础设施、技术创新平台是国家发展科技硬实力的必要基础条件。完善工程、产业、社会及绿色技术创新平台，构建产学研深度融合的现代化创新基础设施体系，促进各领域、各区域科学、技术、工程、产业及社会创新交叉融合，基础研究、数据密集型科研、应用研究及创新创业创造活动融通发展，必须提升和新建一批重大科技基础设施和数字化科技创新设施及应用场景，夯实基础研究和技术研发体系底层支撑，以突破从"不能用"到"可以用"的技术瓶颈，从"可以用"到"很实用、很好用"的生产技术瓶颈，支撑新一轮科技革命和产业革命。这类基础设施具有适应创新参与主体的大众化、创新组织机构的开放化、创新行业领域的跨界化、创新链接机制的平台化、创新资金来源的多元化等新特点。

6.1.2　智能化基础设施是科技创新及产业发展的加速器

智能化基础设施主要包括基于新一代信息技术演化生成的基础设施。如基于新一代信息技术，建设以 5G、新一代全光网、工业互联网、物联网、卫星互联网等为代表的通信网络基础设施，以数据中心、灾备中心等为代表的存储基础设施，以人工智能、云计算、区块链、边缘计算、量子计算、类脑计算、光子计算等为代表的新技术基础设施，以超算中心、智能计算中心等为代表的算力基础设施，构成互联互通、经济适用、自主可控的分布式、智能化信息基础设施体系。围绕数据资源开发、感知、收集、传输、计算、调用、存储、分发、处理和分析，基于海量数据和海量算力，大幅改进的算法和机器学习方式，大幅提升的算力，构建"万物智联"的信息网络体系、战略计算平台、开源社区和数字孪生体，实现远程实时调用数据资源和算力，塑造数字产业化及产业数字化生态，以支撑数字经济、网络强国、数字强国和智慧社会建设。

6.1.3　现代化能源与交通基础设施是国民经济的动力保障

建设智能电网、微电网、分布式能源、新型储能、氢能及新能源汽车充电设施等基础设施网络，提升特高压、核能、油气管网等基础设施网络的数字化、智能化水平，构建"多能互补、智能化调控"的分布式可持续能源基础设施，建设国际能源互联网及跨境能源网络，支撑能源革命和能源强国建设。加强水源工程和供水基础设施网络建设，完善地质勘查、关键矿产资源获取及综合利用、重大特色资源绿色高效转化及循环利用等资源基础设施网络建设，支撑资源革命和资源强国建设。建设公路、铁路、港口、机场等综合、智慧、绿色、平安交通运输基础设施体系，完善邮政、仓储物流等"通道+枢纽+网络"基础设施体系，拓展延伸数字化、智能化交通物流新型基础设施，支撑交通强国、物流强国建设。

6.2　全球新基建相关技术与产业发展现状及趋势

6.2.1　国际新基建技术与产业发展过程及现状

1. 5G 通信技术

2019 年是中国乃至世界 5G 产业发展元年，5G 也成为近年两会代表委员们热议的焦点话题。5G 的战略目标是将"人与人"之间的连接扩展至"人与人+人与物+物与物"的连接。预计 2030 年，移动网络连接的设备总量将超过 1000 亿个，到 2040 年超过 1 万亿个。那时，我们将进入一个万物互联的智慧社会。5G 网络是构筑万物互联的基础设施，其最大的战略意义就是开启了万物互联的新时代。随着信息通信技术向各行各业融合渗透，为了在激烈的市场竞争中胜出，企业客户数字化转型升级的需求越来越强烈。"4G 改变生活，5G 改变社会"，5G 是全球数字经济战略的先导领域，将拉动整个国家和社会实现全面移动化、数字化，进而使国家在全球科技竞争中占据领先地位。

蓬勃涌起的数字化浪潮，正在为人类构建一个智慧社会，并深刻影响着全球科技创新版图、产业生态格局和经济发展走向。未来 5G 将成为国家管理、城市运转、企业生产、个人生活等方面的重要技术支撑，将创造一个全新的数字环境，其不仅会影响未来几十年各国的经济发展，还将重塑各国的国家竞争力与国家安全。从全球范围看，各个国家和地区都在争夺 5G 的控制权，顶尖的科技企业也加入到这场争夺战之中。

美国于 2012 年成立了无线研究中心，专注研发 5G。2016 年美国联邦通信委员会（Federal Communications Commission，FCC）与美国国家科学基金会（National Science Foundation，NSF）同时启动了 5G 频段规划及 "先进无线通信研究计划" 5G 研究项目，美国也由此成为全球首个为 5G 开放高频频谱的国家。紧接着在 2017 年，在美国本土的运营商，比如美国电话电报公司（American Telephone & Telegraph，AT&T）和威瑞森电信（Verizon）开始参与研发 5G，取得了多项 5G 核心技术。2018 年可以说是美国 5G 商业应用进展飞速的一年，AT&T、Verizon 和德国 T-Mobile 在内的多家公司都宣布了 5G 的推出计划。首先，AT&T 2018 年 5 月宣布了首批推出 5G 的城市，分别为亚特兰大、达拉斯、韦科，之后在短暂的不到一年的时间又在旧金山、洛杉矶、匹兹堡等十余个城市推出了 5G 网络，并推出毫米波 5G 固定无线接入商用服务，公布了首个商用 5G 终端设备——Netgear Nighthawk 5G 移动热点。其次，美国 FCC 也采取了一系列措施来推进美国 5G 商用进程。在 2018 年 9 月，FCC 发布 "5G FAST 计划"，该战略包括三个关键部分。①将更多频谱推向市场；②更新基础设施政策；③使过时的法规现代化。接着在 11 月、12 月分别进行了高频频谱拍卖以及 5G 激励拍卖规制；2019 年 4 月，FCC 宣布将 12 月 10 日作为美国历史上最大频谱拍卖的开始日期，并揭示计划创建一个新的 204 亿美元农村数字机会基金，以扩展美国农村的高速宽带。2019 年同样也是美国 5G 正式商用的元年。这一年，AT&T 进行 5G 网速测试，在 5G 网络上实现了高达每秒 2000 兆位的速度，证明了 5G 网络的可能性。美国首家 5G 运营商 Verizon 则提出来 5G 网络的局限：5G 最高速度仅适用于部分区域，5G 的最高速度不适用于农村地区。T-Mobile 表示，将于 2019 年下半年在 30 个城市推出 5G 覆盖。美国电信运营商计划于 2019 年底，在全国 30 多个地区推出 5G 商用服务。所有移动网络运营商都已开始试用 5G 技术和设备，并进行商业发布。

欧盟在 5G 发展上进行了一系列的战略布局和创新行动。2012 年欧盟组织设备商、运营商以及学术机构，启动"构建 2020 年信息社会的无线移动通信领域关键技术"[Mobile and Wireless Communications Enablers for the Twenty-Twenty (2020) Information Society, METIS]的 5G 研发项目，该项目由 29 个成员组成，其中包括爱立信、华为、阿尔卡特•朗讯、诺基亚西门子、法国电信、西班牙电信、日本电话电报公司（Nippon Telegraph and Telephone Public Corporation, NTT DoCoMo）等全球主要的电信设备厂商和运营商。2013 年 12 月，欧盟启动签署了"5G Infrastructure Association"，并建立 5G 合作项目框架——5G PPP（public private partnership，公共私营合作制）。5G PPP 由政府主导，计划在 2020 年以前，政府与私营企业各投资 7 亿欧元，深入研究未来 10 年内 5G 移动通信基础设施的解决方案、架构、技术及标准等。5G PPP 计划第一阶段于 2015 年 7 月正式启动，该事件是欧洲 5G 研究的一个新的里程碑。2016 年 9 月，欧盟公布 5G 行动计划，明确制定了 5G 的时间表：2018 年开始预商用测试，2020 年各成员国至少确定一个城市可以实现 5G 商用，2025 年在各成员国城区和主要公路、铁路沿线提供 5G 服务，此项计划最终于 2017 年 12 月得到欧洲理事会的确认。2018 年欧盟宣布启动 5G 技术试验，并且发布了"地平线 2020"（Horizon 2020）2018~2020 年计划，该计划共包含 7 个 5G 研究项目。2019 年初，欧盟所有 28 个成员国共进行了 138 次试验，主要目的在于保证 2020 年实现欧盟各国可以正式推出 5G 商用服务的战略目标。

2017 年 8 月，日本政府将 5G 作为其增长战略的关键"第 4 次产业革命"的支柱，把建设超高速的固定通信网络定位为国家项目。2018 年 5 月，日本电气株式会社（Nippon Electric Company Limited, NEC）与日本 NTT DoCoMo 达成协议，为 5G 基站设备提供控制单元，旨在实现 5G 业务的商业化。根据协议，NEC 将通过软件升级和最小的硬件更换实现 5G 兼容性，以最大限度地利用现有的高密度基站设备。随后，NEC 与 NTT DoCoMo 展开了一系列深度合作，2018 年 5 月，NEC 和 NTT DoCoMo 在 8 个移动台中共同实现了每秒 5500 兆位的吞吐量，使用波束成形，在同一区域内的两个基站之间进行基站间协调，使用 4500 兆赫频谱进行 5G 通信；2019 年 1 月，NEC、NTT DoCoMo 进行 5G 视频传输测试；2019 年 4 月，日本政府监管机构正式向日本多家电信公司分配了 5G 频谱，计划在 2020 年开始商用 5G 服务，同一时期，日本政府批准国内四家移动运营商计划在未来五年内建设 5G 无线网络，投资额将达到 1.6 万亿日元（144 亿美元），此举标志着日本 5G 正式商用，2019 年也成了日本的 5G 元年，NTT DoCoMo 正在组织十多家主流企业验证 5G 关键技术，进行关键技术级频段筛选。日本三大运营商 NTT

DoCoMo、KDDI 株式会社（简称 KDDI）和软银股份有限公司（简称软银）将推出 5G 预商用服务，2020 年春季在部分地区推出完整的 5G 服务，正式推出 5G 商用服务，并支持东京奥运会，在东京夏季奥运会期间举办了 5G 商业发布会。在 2023 年，日本规划对 5G 运用的深度和广度再上一个台阶，将 5G 的商业利用范围扩大至日本全国，NTT DoCoMo 将致力于实现对机器和设备的远程控制以及远程医疗服务；KDDI 专注于生产设备的远程控制和电话会议；而软银将寻求处理建筑物和设施的管理，以及自动驾驶汽车应用。

2013 年 5 月，由韩国科技部和未来计划部等部门共同推动成立了韩国 "5G Forum"，旨在推动其国内的 5G 移动通信进展。具体的行动规划包括发展及提出 5G 国家战略规划、中长期的技术研究规划、服务概念及需求、培育工业化基石、促进国内外移动通信生态系统的建立。其成员包括三星、LG、电子和电信研究所等，紧接着，韩国宣布开启 5G 产业研发。2017 年 4 月，韩国提出制定国家级 5G 标准，也是全球首个提出制定国家级 5G 标准的国家。2018 年是韩国 5G 研发较为关键的一年，2018 年初，韩国开展了 5G 预商用试验，旨在支持平昌冬奥会，聚焦移动宽带应用，韩国在平昌 2018 年冬季奥运会上提供基于 "非 3GPP" 规范的 5G 服务演示，还为前来参与的用户提供沉浸式 5G 体验服务，比如同步观赛、互动时间切片、360 度 VR（virtual reality，虚拟现实）直播等；2018 年 6 月，韩国完成 5G 频谱拍卖，为 5G 初步商用打下了基础；同年 12 月，在政府主导下，韩国三家运营商 SKT、KT 以及 LG U+在韩国部分地区推出 5G 服务，成为世界上第一个商用 5G 国家，当时 5G 商用主要服务企业用户，用于工业生产。到了 2019 年，韩国 5G 开始服务广大人民群众，2019 年 3 月，韩国运营商在全国范围内推出 5G 商用服务，开始为手机用户提供商用服务，4 月，韩国三大运营商 SKT、KT 以及 LG U+宣布，正式发布全球第一个面向商用 5G 手机的 5G 网络服务，并邀请 5 位本国名人成为首批 5G 手机的体验者。至此，韩国成为全球首个 5G（时代）商用国家，2020 年韩国宣布 5G 普及率世界第一，韩国 5G 全面商用时代悄然来临。

2. 人工智能

2018 年习近平在主持人工智能发展现状和趋势第九次集体学习时发表了讲话。他强调 "人工智能是引领这一轮科技革命和产业变革的战略性技术，具有溢出带动性很强的 '头雁' 效应"[①]。在移动互联网、大数据、超级计算、传感网、

---

① 习近平主持中共中央政治局第九次集体学习并讲话[EB/OL].(2018-10-31)[2021-06-25].http://www.gov.cn/xinwen/2018-10/31/content_5336251.htm.

脑科学等新理论新技术的驱动下，人工智能加速发展，呈现出深度学习、跨界融合、人机协同、群智开放、自主操控等新特征，正在对经济发展、社会进步、国际政治经济格局等方面产生重大而深远的影响。

在新一轮科技革命和 5G 技术下，人工智能与 5G 的深度融合更是为我们带来了一个崭新的时代。以网络化、智能化技术为基础的行业发展新模式逐渐形成，为世界经济发展带来了机遇和挑战。人工智能+5G 的"化学反应"，将深度赋能时代，将会极大促进生产力发展。因此，人工智能技术的研究，对于未来十年甚至几十年的社会发展极为重要。是世界各国各地区都必须攻克的技术堡垒。

美国作为人工智能大国，早在 2016 年 10 月，美国政府就提出要建立一个高级研究计划局，用于支撑高风险、高回报的人工智能研究及应用。同一时期，美国白宫科技政策办公室发布《国家人工智能研究与发展战略计划》，计划提出对人工智能研究进行长期投资，研发更有效的人类与人工智能协作方法，了解和处理人工智能的道德性、法律性和社会性影响，确保人工智能系统的安全性，开发用于人工智能训练及测试的共享公共数据集和环境，通过制定标准和相关参照，对人工智能技术进行测量评估以及了解美国人工智能的人力资源需求等意见措施，希望通过这些举措保证美国人工智能技术的发展及世界领先地位。同年 12 月，美国发布《人工智能、自动化与经济》，文件指出人工智能驱动的自动化对经济产生巨大影响，并提出制定政策推动人工智能发展并释放企业和工人创造力。接着在 2017 年 7 月，应美国情报高级研究计划局（Intelligence Advanced Research Projects Activity，IARPA）的要求，哈佛大学肯尼迪政治学院发布了《人工智能与国家安全》，文件首次指出投入巨量资金，将人工智能技术运用在军事、国防及灾难管理等方面，以此来保障国家安全。随着人工智能技术快速发展，美国社会对人工智能可能引发的问题及其对经济繁荣和社会稳定的影响进行反思，于同年年底，美国国会发布《人工智能未来法案》，提议建立一个联邦咨询委员会进一步研究人工智能相关法律政策问题，首次将人工智能由技术层面带来的社会发展引至可能引起的法律问题层面的思考。2018 年 3 月，美国战略与国际研究中心出台《美国机器智能国家战略》，在确保人工智能技术持续高效发展的同时，进一步完善人工智能技术生态。2018 年 5 月，美国白宫在"美国产业人工智能峰会"上提出继续保持美国在人工智能领域全球领导地位的重要举措。同年，美国各部门接连出台相关政策，进一步加大对人工智能技术的投入，深度扩大人工智能技术在军事、国防方面的应用。2019 年 2 月，美国总统特朗普颁布《美国人工智能倡议》，倡议开篇明确强调，维系美国在人工智能领域的领导力，对维护美国经济优势和国家安全至关重要。毫无疑问，美国在未来很长一段时间内，都会加大对人工智能技术的投入，同时制定政策保障人工智能技术在国家安全、社会发展等各个方面的深度展开。

英国科学技术委员会于 2016 年 10 月发布《机器人技术和人工智能》，规范机器人技术与人工智能系统的发展，以及如何应对发展带来的伦理道德、法律及社会问题。同年 12 月，英国政府的科学办公室发布《人工智能对未来决策的机会和影响》，指出人工智能技术及产业发展为政府和社会带来的机遇与挑战，政府必须积极应对人工智能对公共决策、法律和劳动力市场等产生的深远意义和影响，推进人工智能的发展、普及和应用。2017 年 10 月，英国政府发布《在英国发展人工智能产业》的报告，为英国商业、能源和工业战略部及英国数字、文化、媒体与体育部提供政策建议，推动英国人工智能新兴领域和领先技术的发展与应用。2018 年 4 月，英国政府在《产业战略：人工智能领域行动》中针对"人工智能与数据经济"挑战，就想法、人民、基础设施、商业环境、地区 5 个生产力基础领域制定了具体的行动措施，以确保英国在人工智能行业的领先地位。同一时期，英国议会下属的人工智能特别委员会发布《英国人工智能发展的计划、能力与志向》，认为英国在发展人工智能方面有能力成为世界领导者。这份报告不仅对人工智能监管等相关问题有着清晰的认识，而且拟将英国的人工智能软实力输出为国际规则，甚至要主导国际规则的制定。

德国早在 2013 年就开始对人工智能技术发展进行部署。2013 年德国联邦政府正式将工业 4.0 列入了国家层面的《新高技术战略：为德国创新》中，而人机交互、计算机识别、智能服务等人工智能相关技术正是工业 4.0 的研究重点。2017 年 9 月，德国联邦教育及研究部启动了一个称为"学习系统"的人工智能平台，计划通过开发和应用"学习系统"，提高工作效率和生活品质，促进经济、交通和能源供应等领域的可持续发展。2018 年 7 月，德国联邦政府内阁颁布《联邦政府人工智能战略要点》，报告指出，德国当前亟须采取的措施包括：为人工智能相关重点领域的研发和创新转化提供资助；优先为德国人工智能领域专家提高经济收益；同法国合作建设的人工智能竞争力中心要尽快完成并实现互联互通；设置专业门类的竞争力中心；加强人工智能基础设施建设等。同年 11 月，德国联邦政府在《人工智能战略》中确定了三大目标：一是确立德国和欧洲在人工智能科技与应用上的领先区位优势，借此保证德国的竞争力；二是确保人工智能科技和应用的重大责任性和公益福祉导向性；三是要在广泛社会对话和积极政治设计的框架内，让人工智能在伦理、法制、文化和制度上融入人类社会生活。同时在"人工智能德国制造"计划中提出在 2025 年之前投入 30 亿欧元推动德国人工智能发展。

3. 新能源

汽车产业是国民经济的重要支柱产业，在国民经济和社会发展中发挥着重要作用。新能源汽车产业是战略性新兴产业，发展节能汽车是推动节能减排的有效举措。目前能源和环境问题日益严重，社会舆论压力空前，大力发展节能与新能源汽车是解决能源环境问题的有效途径，同时也是实现国家生态文明建设的有力举措。目前世界各国各地区都在采取措施大力研发和普及新能源汽车。

2009 年美国克莱斯勒宣布取消电动汽车研发团队，这也宣告美国汽车企业将集体选择混合动力汽车为新能源汽车的战略方向，并且在 2012 年，美国汽车厂商已经在混合动力汽车领域开始与日本厂商并驾齐驱。随后在 2013 年，在美国政府与美国能源部能源效率和可再生能源办公室发布的《美国创新战略：推动可持续增长和高质量就业》及《电动汽车普及蓝图》战略中提出要拨款 20 亿美元支持汽车产业发展，到 2022 年规模化生产出每户家庭都能负担得起的插电式电动汽车的发展目标；并规划了未来 10 年美国在电动汽车的电池、电驱动系统等关键技术领域的研发路径。2014 年，为了刺激消费者对新能源汽车购买，《新能源政策法》规定要按汽车总重划分四档标准以确定不同的减税幅度。2017 年 10 月，美国电动汽车充电协会发布 2017 "State of the Charge"（充电状况）报告，报告称美国国内正在运行中的充电桩已超过 5 万个（公共和私人均包含在内）。该报告为我们展现了美国电动车充电市场的新面貌——从全球范围来看，2017 年到 2025 年，电动车充电设施年增长率预计为 46.8%，2025 年，全球充电设施营收将达到 455.9 亿美元。就美国而言，2016 年，其充电桩营收从 5 年前的 2700 万美元增加到了 1.82 亿美元，增幅高达 574%。2018 年 11 月，美国充电桩运营霸主 ChargePoint 在 H 轮融资活动中融资了 2.4 亿美元。此次融资活动吸引了来自汽车、能源、金融、风投、公用事业以及石油和天然气行业的很多投资者。同年 12 月，大众旗下全资子公司美国电气宣布，已经在加利福尼亚州完成首个 350 千瓦的电动汽车充电桩的安装。该充电桩位于旧金山 Premium Outlets 小型商场内，拥有 10 个充电口。而不远处就有一个拥有 20 个充电口的特斯拉超级充电桩。现在，美国充电桩市场竞争仍在如火如荼地进行着。

英国对于新能源汽车的推广可以部分体现在其对于充电桩建设及普及的手段中。为了促进新能源汽车的普及，英国出台了一系列政策。2016 年 12 月，为促进电动车和混合动力车发展，英国政府将考虑给电动汽车充电桩设定公共定价标准。英国政府担心充电桩充电价格过高会造成消费者不愿购买电动车和插电混动车而转向柴油车，因此英国政府在 2017 年采取措施来应对这一情况，降低充电桩价格。为了鼓励人们购买并使用电动汽车，英国于 2017 年 10 月发布《自动化和电动汽车法案》，要求英格兰、威尔士和苏格兰加油站安装电动汽车充电桩。2018 年 7 月，英国计划为电动汽车建设成百上千个新充电桩。这项计划旨在使电动汽车充电比汽油车或柴油车加油更加容易，希望以此提高低排放汽车的使用率。新的计划要求在无路边停车的英国公路上安装新的电线杆，以便在合适的地方安装充电桩。同年英国的一项新提案要求，所有的新建住宅都需具备为电动汽车充电的能力。除了居民区外，企业大楼、高速公路附近服务站以及街道停车位等也需配备电动车充电桩。为此，英国政府不惜投资 4 亿英镑来资助那些生产和安装充电桩的公司。2019 年初，英国领先的工业燃料电池电力公司宣布，世界上第一个基于氢燃料电池技术的电动车充电桩 CH2ARGE 已经成功建成。从英国欣欣向荣的充电桩市场可以从侧面看出英国对新能源汽车的大力推广以及对新能源汽车可以有效保护环境的殷切期盼。

2011 年 5 月德国联邦经济部与交通部发布的《德国联邦政府国家电动汽车发展规划》中指出至 2020 年德国上路的电动及混合动力汽车达 100 万辆，至 2030 年至少达到 600 万辆，至 2050 年电动交通网络覆盖全德城市区域。为了满足数量巨大的新能源汽车的充电需求，德国一直在致力寻找低廉、高效的充电方式。2018 年，欧洲最大的电信运营商 Deutsche Telekom AG 正在尝试将"配电箱"改装为纯电动汽车充电桩。如果这个办法最终证明可行，将彻底解决纯电动汽车充电基础设施较少的问题，而且需要花费的时间和金钱成本都极为低廉。2019 年德国有关部门提出稍微改装一下就能把路灯变成一个充电桩，德国合计有 200 000 个电线杆可供改造使用，当改造完成以后能够在极大程度上缓解电动车充电困难的问题。2019 年 3 月，德国汽车工业联合会宣布德国汽车行业将在 2022 年前投入逾 400 亿欧元用于加快电动汽车研发。

日本新能源汽车发展的战略核心是确保汽车产业的竞争力。在领先传统混合电动汽车的生产技术和车辆推广的同时，产业重点逐渐向纯电动汽车和插电式混合动力汽车方向转变，并决定到 2050 年，日本在国内外销售的汽车将全部为电动汽车或混合动力汽车。2017 年，日本规划到 2020 年纯电动汽车和混合动力乘用车（含插电式混合动力汽车）将在整体乘用车的销售比例中占到 50%，其中传统混合动力汽车达到 30%，纯电动汽车、插电式混合动力汽车合计达到 20%。2025 年燃料电池汽车和加氢站实现商业化运作。为了实现这一规划，日本政府采取一系列措施保证新能源汽车的推广。2018 年日本政府已考虑放宽限制，拟允许小型加油站安装电动汽车充电桩；日本经济产业省拟允许在加油站附近安装充电终端设备，而且不设空间限制。并且中国和日本的企业将合作研发下一代电动汽车快速充电桩，一旦研制成功，电动汽车充满电的时间可以压缩到 10 分钟以内。

4. 物联网

2017 年 12 月，习近平在中共中央政治局就实施国家大数据战略进行第二次集体学习时强调"要深入实施工业互联网创新发展战略，系统推进工业互联网基础设施和数据资源管理体系建设"①。李克强在《2019 年政府工作报告》中提出，要"围绕推动制造业高质量发展，强化工业基础和技术创新能力，促进先进制造业和现代服务业融合发展，加快建设制造强国。打造工业互联网平台，拓展'智能+'，为制造业转型升级赋能"②。当前，新一轮科技革命和产业变革蓬勃兴起，工业经济数字化、网络化、智能化发展成为第四次工业革命的核心内容。工业互联网是第四次工业革命的重要基石和关键支撑，为其提供具体实现方式和推进抓手。

工业互联网通过人、机、物的全面互联，全要素、全产业链、全价值链的全面连接，对各类数据进行采集、传输、分析并形成智能反馈，推动形成全新的生产制造和服务体系，优化资源要素配置，充分发挥制造装备、工艺和材料的潜能，提高企业生产效率，创造差异化的产品并提供增值服务。

在 2012 年美国发布白皮书《工业互联网：打破智慧与机器的边界》，提出了工业互联网的概念，并将其上升为国家战略，这被看作美国军团进军这一领域的关键一步。同年 3 月，美国首次提出建设"国家制造业创新网络"的计划，搭建基础创新网络，通过投资建设 45 个研究中心，加强高等院校和制造企业之间的产学研有机结合，并先后提出下一代机器人、关键材料、节能制造工艺、纳米制造、生物制造等十二个技术方向，开展多项研发与产业化工作。为了搭建创新网络，2013 年 1 月美国发布《国家制造业创新网络初步设计》，投资 10 亿美元组建美国制造业创新网络，集中力量推动数字化制造、新能源以及新材料应用等先进制造业的创新发展，打造一批具有先进制造业能力的创新集群。于 2014 年投资建设 15 个研究院的同时，每年投入 25 亿美元推动创客发展，提升美国创意创造与创新设计制造的竞争力。同年，美国工业互联网联盟成立，AT&T、思科、通用电气、IBM 和英特尔也于同年在美国波士顿宣布成立工业互联网联盟(Industrial Internet Consortium，IIC)，以期打破技术壁垒，通过促进物理世界和数字世界的融合，IIC 于 2015 年、2017 年先后发布 1.0 版、1.8 版的工业互联网参考架构。2019 年 2 月，IIC 和 OpenFog 联盟宣布合并，此举极大地促进了雾计算（边缘计算）技术在工业互联网中的应用。IIC 还与澳大利亚物联网联盟达成协议，共同协调工业互联网发展，为美国工业互联网的发展增添了新的力量。

2012 年 1 月，英国工业 2050 战略研究启动，并于 2013 年 10 月，工业 2050 战略形成最终报告（《制造业的未来：英国面临的机遇与挑战》）。2017 年 1 月，

---

① 习近平主持中共中央政治局第二次集体学习并讲话[EB/OL].(2017-12-09)[2021-11-05].http://www.gov.cn/xinwen/2017-12/09/content_5245520.htm.

② 李克强. 2019 年政府工作报告[EB/OL].(2019-03-05)[2020-11-05]. http://www.gov.cn/guowuyuan/2019zfgzbg.htm.

英国政府提出"现代工业战略",希望依托"现代工业战略",扭转英国高度依赖金融服务业的失衡的产业结构,提高劳动生产率,奠定英国工业在全球领先的地位,为了实现这一战略目标,英国于 2017 年 3 月发布《英国数字化战略》,设定了明确途径以帮助英国在启动并推进数字化业务、试用新型技术或者实施先进技术研究方面占据优势地位,并将此作为政府计划的一部分以将英国建设成为一个现代化的、世界一流的数字经济体。接着在 2017 年 11 月,英国商业、能源和工业战略部发布报告《2017 年智能化制造评议——英国 2030 年前成为全球工业数字化先导》,该 231 页报告提出通过采用工业数字化技术变革英国制造业的路径。

德国于 2011 年首次宣布工业 4.0 的概念,并被德国政府纳入《高技术战略 2020》,成为国家十大未来项目之一。2014 年 3 月,德国联邦经济事务和能源部、教育及研究部宣布接管由德国信息技术、电信和新媒体协会,德国机械设备制造业联合会,德国电气电子工业协会三大行业组织共同发起成立的"工业 4.0 平台",聚焦标准化、技术创新、信息安全、人才培养和法律框架等课题,通过构建工业 4.0 在线图书馆、工业 4.0 地图、工业 4.0 测试台等措施促进工业 4.0 的发展和应用,随后在 2015 年 3 月,德国联邦经济事务和能源部、教育及研究部共同接管并启动升级版"工业 4.0 平台"建设。2016 年西门子正式推出工业互联网平台 MindSphere,通过该平台,企业可以实现真实世界中的产品、工厂、机器和系统的连接,以提取并分析真实的性能和应用数据。2019 年 2 月 5 日德国联邦经济事务与能源部部长彼得·阿尔特迈尔签署发布了《国家工业战略 2030》草案。再次强调机器与互联网互联(工业 4.0)是极其重要的突破性技术,机器构成的真实世界和互联网构成的虚拟世界之间的区分正在消失,工业中应用互联网技术逐渐成为标配。

2015 年 6 月,日本工业价值链促进会成立,该组织成立的目的在于推动包括工业物联网在内的日本工业互联网改革,同年,日本提出"工业 4.1J"计划,将工业智能化从单一工厂延伸到产业整体价值链。2016 年,《日本制造业白皮书(2016)》指出制造业要积极发挥互联网技术的作用,转型为利用大数据的"下一代"制造业。同年,日本工业价值链促进会也发布了自身的智能制造参考架构,提出了企业之间如何实现互联的顶层指导思路,紧接着,2017 年 3 月,日本在德国汉诺威国际信息及通信技术博览会上首次提出"互联工业"的概念作为日本制造业的战略举措,是日本首次提出的互联工业战略。2018 年 6 月,《日本制造业白皮书(2018)》明确提出要"推动互联工业,创造价值"。

5. 大数据

总的来说,大数据可以用三个方面进行概括:一是"新的价值领域";二是"数据价值化";三是"产业互联网的基础"。大数据开辟了新的价值领域,新的价值领域就会打造一系列生态体系,而生态体系又会孕育出大量不同的商业模式,而这个过程也会伴随着大量的创新,进而衍生出大量创新项目,推动社会生产力的发展,影响着社会生产方式的变化。

习近平在中共中央政治局就实施国家大数据战略进行第二次集体学习时强调"推动实施国家大数据战略,加快完善数字基础设施,推进数据资源整合和开放共享,保障数据安全,加快建设数字中国,更好服务我国经济社会发展和人民生活改善"①。可见大数据技术是影响国家发展、社会变革的重要技术之一。

美国最初对大数据技术的探索始于对国家政府提升理政能力的要求,在2009年,美国政府为了提升政府资料透明度,推出Data.gov;在2012年3月,美国白宫科技政策办公室发布《大数据研究和发展计划》,成立大数据高级指导小组。《大数据研究和发展计划》旨在通过对海量和复杂的数字资料进行收集、整理,以增强联邦政府收集海量数据、分析萃取信息的能力,提升对社会经济发展的预测能力。之后,美国开始认识到大数据技术对于社会生产的巨大影响,将大数据重心由提升理政能力逐渐转为促进社会经济发展、提供社会公共服务以及教育等方面。在促进社会经济发展方面,2013年11月,美国白宫在"数据—知识—行动"战略中进一步细化了大数据改造国家治理模式、促进前沿创新、提振经济增长的路径,这是美国向数字治国、数字经济、数字城市、数字国防转型的重要举措。在提供社会公共服务方面,美国政府与电力行业在2012年合作推出"绿纽扣"计划,为家庭与企业提供能源使用信息,到2014年已为5900万家庭与企业提供服务,并帮助他们节约能源。2017年9月,医疗保健研究与质量局发布美国首个可公开使用的数据库,其中包括全美600多个卫生系统。白宫科技政策办公室一直积极与他国展开合作,以预防数字经济监管障碍、促进信息流动和反对数字本地化等。在教育方面,2015年美国国家科学基金会计算机和信息科学与工程局在全国大数据区域创新中心网络计划中预备投资500多万美元启动建设东北、中西部、西部和南部4个"大数据区域创新中心",致力于基础设施开发与供应、教育和劳动力开发以及社区参与等议题,着力打造覆盖全美的大数据创新生态系统,2018年美国政府将教育视为大数据发展的基础性工程,并从健全教育数据管理机构,推进教育系统整体变革,强化学生数据隐私保护,吸纳多方力量共同参与等方面保障教育大数据战略的实施。但随着大数据技术的发展,美国在享受大数据技术的便利的同时,大数据技术带来的隐患也接踵而至,首当其冲的就是大数据安全问题。2016年5月,美国白宫提出《联邦大数据研发战略计划》,旨在为联邦各机构提

---

① 习近平:实施国家大数据战略加快建设数字中国[EB/OL].(2017-12-09)[2021-11-05].http://www.cac.gov.cn/2017-12/09/c_1122084745.htm.

供一套相互关联的大数据研发战略，维持美国在数据科学和创新领域的竞争力，其主要内容涵盖技术、可信数据、基础设施、共享管理、隐私安全、人才培养和协作等大数据研发领域。同年 10 月，FCC 批准了一项消费者隐私保护规则，要求宽带服务提供商在使用消费者的网络搜索、软件使用、位置信息和其他与个人信息相关的数据之前必须征得用户同意。

英国早在 2012 年就认识到大数据技术的重要之处，将其作为八大前瞻性技术领域之首，并在 2013~2014 年先后投入大约 2.4 亿英镑用于相关科研与创新。英国将全方位构建数据能力上升为国家战略，具体表现有：在《铁路技术战略 2012》中，英国铁路安全和标准化委员会提出铁路大数据整体框架；在 2013 年 8 月，英国政府在《英国农业技术战略》中指出英国今后对农业技术的投资将集中在大数据上，目标是将英国的农业科技商业化，在该战略的指导下成立的第一家农业技术创新中心的研究焦点将投向大数据，致力于将英国打造成农业信息学世界级强国；在 2017~2018 年发布的两个工业战略中，都明确提出，英国要立足引领全球大数据发展，并从鼓励创新、培养和集聚人才、升级基础设施、优化营商环境以及促进区域均衡发展等五大维度提出一系列实实在在的举措。但同美国一样，英国也没有忽视大数据安全问题，在 2017 年，英国颁布《数据保护法案（草案）》，法案规定对于数据的保护不仅体现在私权层面，还通过国家公权力制定行业标准、技术标准和法律强制性规范对数据进行保护。

德国对于大数据的探索主要体现在大数据技术带来的一系列问题尤其是大数据安全问题。早在 2009 年，德国就对现行的《联邦数据保护法》进行修改并生效，约束范围包括互联网等电子通信领域，旨在防止由个人信息泄露导致的侵犯隐私行为。这部法律对个人数据的合法获取、处理和使用情况做出明确规定。在政府内部，要求设立联邦数据保护与信息自由专员，监督政府机构在保护个人数据方面的行为。在联邦层面以外，德国各州也有自己的数据保护专员，以类似的方式监督各州政府机构的行为。随后德国也意识到发展大数据技术的重要性及必要性。在 2019 年 3 月，德国召开的数字化内阁委员会第二次会议指出：①更新实施"设计数字化"战略；②实施战略的核心正在使项目与以前更加一致，为个人和公司带来利益；③数字化内阁委员会将监督进展并讨论问题和解决方案。

在 2012 年 6 月，日本互联网技术战略本部发布电子政务开放数据战略草案，迈出了政府数据公开的关键一步，积极利用云计算技术来优化行政事务办理流程，构建政府服务的信息公共平台，促进不同的工作部门及其互联网技术系统间的协同，从而形成全国统一的电子政务服务体系。随后，日本对大数据技术的重点放在社会发展方面，在 2013 年发布的《日本制造业白皮书（2013）》指出积极开发大数据技术，预备将大数据技术作为产业转型的关键技术。

6. 特高压及城际高速铁路和城际轨道交通基础设施

特高压电网作为重大的科技创新工程，是带动科技创新发展的重要基础，更是清洁能源大发展的必要支撑，同时也能极大地推动一国设备制造业的发展。

美国政府于 2005 年颁布《2005 年能源政策法》，其中多个条款涉及鼓励建设输电设施，接着美国于 2008 年 8 月在《美国电网投资情况分析及其启示》中提到 2010~2030 年的 20 年间，在美国电网建设投资中，配电网投资将达到 5815 亿美元，接近输电网投资额的两倍，整体上看电网年均投资额为 440 亿美元。

2013 年德国政府制订了至 2022 年的电网发展规划，明确提出要修建跨区电力输送走廊，超过 2000 多公里的直流输电走廊，加上新修和扩建的交流路线，将负责将北部区域的近 3200 万千瓦的绿色电力输送到南部负荷中心。接着在 2015 年，德国争取了数十亿欧元的拨款，建设 4 条直流特高压输电线路，并对原有输电线路进行提升，以实现本土南北风光协调发展。该计划预计在 2024 年前建设完成。并与 2017 年德国西门子设计的全球首台±1100 千伏高压直流变压器通过试验。

日本早在 1973 年就建成第一条 500 千伏交流输电线路，同时开始研究 1000 千伏特高压交流输电技术。东京电力公司于 1988 年启动特高压工程建设，于 1999 年完成东西走廊从南磐城开关站到东群马开关站的南磐城干线 194 公里和从东群马开关站到西群马开关站的东群马干线 44 公里特高压线路的建设，两段特高压线路全长 238 公里，并为配合福岛地区核电站的建设和扩建，将原有 500 千伏的特高压输电线路升至 1000 千伏运行，输送容量可达 1300 万千瓦。

城际高速铁路与城际轨道交通是当前邻近城际间和都市圈内交通系统的重要组成部分，对于解决一个地区的多个城市之间的交通问题具有重要价值。城际高速铁路兼有城际铁路和高速铁路的特征，核心在于实现城际间列车班次的"公交化"，能大大提升都市圈或城市群的沟通效率。城际轨道交通由于建设成本比较低廉，建设费用可以由多个城市共同解决，可以利用现有的轨道线路等多种有利条件，实现城市间已有交通网络的有效串联。城际高速铁路和城际轨道交通建设是带动城市间交通发展以及旅客交流的需要；并且城际高速铁路和城际轨道交通建设有利于强化城市间的同城效应，推动和加快城市间同城化战略规划的进程；更重要的是城际高速铁路和城际轨道交通建设有利于统筹沿线城乡发展。

美国运输部在 2008~2010 年三年间，接连发布三项计划：2008 年客运铁路投资和改善法案、国家铁路初步计划以及国家铁路计划。三者之间是递进关系，总体目标是根据已批准的国家铁路计划和国家铁路需求制订一项长期国家铁路计划，旨在建成一个兼具货物和人员流动的综合性、高效的国家铁路系统。2013 年，在美国总统奥巴马勾画的高铁蓝图中指出经过 25 年的建设，要实现 80% 的美国人口生活区附近都有高速铁路通过，体现了美国大力研发高铁技术、推进高铁建设的决心。为了实现这一战略目标，美国国内各大高铁公司都在大力研发生产满足需求的高铁。2015 年 11 月，Hyperloop One 公司宣布从 2016 年开始，将在美国加利福尼亚州的生态园区 Quay Valley 开始建造全球首条超级高铁，2020 年完成了首次载人测试。2016 年 5 月，有"第五种交通模式"之称的超高速管道高铁 11 日在美国内华达州沙漠中完成首次推进系统公开测试，测试结果符合预期。美国"超回路 1 号"公司的测试原型车在荒漠离弦之箭般沿轨道驶出，一秒内从静止加速至每小时 96 公里。2018 年 10 月，美国首条高铁线路计划落户密苏里州。高铁公司 Virgin Hyperloop One 表示，已经确定了一条可行的路线，这条路线沿着贯穿密苏里州的主要高速公路 70 号州际高速公路，连接堪萨斯城、哥伦比亚和圣路易斯。2019 年美国运输部发布杠杆发展运输全权委托补助计划，计划将提供所需的基础设施投资，以更好地连接美国的农村和城市社区。2019 财年建设运输补助金用于地面运输基础设施投资，并将在竞争的基础上授予对本地或区域有重大影响的项目。建设资金可以支持道路、桥梁、运输、铁路、港口或多式联运。

2014 年英国铁路安全与标准委员会启动了一项题为"未来列车在今日设计"的竞赛。随后，英国开始投资建设新的高速铁路及进行现有铁路的调整。2015 年英国开放 120 亿英镑高速铁路兴建合约的竞标，为英国吸引中资做最新的努力。欢迎中国企业联合英国国内企业，对连接英格兰北部、中部与伦敦之间高速铁路第一阶段建造项目的七项合约进行投标；2016 年英国投资 426 亿英镑的 High Speed 2（HS2）项目计划修建从伦敦途经伯明翰抵达曼彻斯特和利兹的 338 千米高速铁路第一阶段工程已于 2017 年动工，该计划已被英国新当选政府批准，紧接着在 2017 年，第九次中英经济财金对话发表政策成果，双方将重点推动中方参与 HS2 二期项目进展；2018 年 5 月，英国迎来数十年来最大规模的班次重整。规模是平时微调的七倍以上，并加入新火车和服务。本次调整涉及投资额高达 70 亿英镑，目的是提高铁路网络总体质量、可靠性和运营频率，以备夜间运行（24 小时运行）。此外，英国还投资研发了新型列车，2018 年 7 月，日立制作所在英国苏格兰格拉斯哥车站，向媒体展示了在该国生产并用于北部苏格兰铁路的新型列车。列车是用于近郊运送的"AT-200"。最高时速 160 公里，车内全部座位均配有电源插座，能够使用 WiFi 等，注重舒适性。

2018 年 5 月，德国联邦议院批准了德国铁路公司的部分私有化计划，这为德国铁路上市扫清了道路。2017 年德国铁路股份公司宣布将大幅度提高长途高速列车的服务水平，到 2030 年力争年均增加高铁旅客 5000 万人。为此，将投入更多、更好的高铁列车并开通多条高速新线，同年，德国在柏林隆重举行了埃本斯菲尔德—埃尔福特新建高速铁路开通仪式。埃本斯菲尔德—埃尔福特间新建高速铁路是德国统一项目 VDE8 的最后一个标段，它的开通标志着全长 623 公里的柏林—慕尼黑高速铁路全线贯通，两地间旅行时间缩短至 4 小时 35 分，尽管低于预期，但仍使两地旅行时间缩短了至少一个半小时；2018 年 2 月，德国国家铁路运营商德国铁路公司表示，2018 年将大幅增加其基础设施投资，这是长达数年的对延迟基础建设的一部分。基础设施负责人 Ronald Pofalla 在一份声明中表示，该集团 2018 年在升级、维修和扩建轨道、车站、桥梁和隧道方面花费 93 亿欧元（116 亿美元），这是一个创纪录的数字。同时，为了方便广大人民群众乘坐高铁，德国有关部门于 2018 年决定简化检票措施，引进全新电子检票 Comfort Check-in，从 2018 年 5 月起逐渐减少了远途火车上的人工检票，让乘务员省下检票的时间为旅客提供更好的服务，需要注意的是 Comfort Check-in 系统并不取代购票系统，而仅仅是个检票系统。德国铁路未来联盟也指出铁路旅行应该准时、快捷、更具创新性。创造一种重要的激励机制，将客运量，尤其是短途和支线空中交通的客流量转移到铁路上。

2015 年日本铁道技术研究院发布《日本铁路发展计划》，计划勾勒出了日本铁路中期和长期的发展目标与策略，总体的目标就是要开发出帮助铁路营造和谐社会的创新型技术。日本一方面致力于研究新型列车技术，2018 年 10 月，日本西武铁路于 29 日宣布，2019 年 3 月起将在西武池袋线、西武秩父线亮相的新型特快列车"001 系"的昵称为"Laview"。以"柔和地与风景融为一体"为目标，带有弧度的车身整体被银色所覆盖。特征是长 1.35 米、宽 1.58 米的大型车窗。车窗采用了从乘客座席中的坐垫位置一直延伸至行李架附近的结构；2018 年 12 月，JR 东日本铁路公司 12 日在川崎重工业的兵库工厂（位于神户市兵库区），首次对外公开了东北北海道新干线的新型测试列车。测试列车被命名为"ALFA-X"。其最大特征是车头前端较长，被称为"长鼻子"，旨在抑制噪声。"ALFA-X"初期设计最高时速为 360 公里，2022 年 5 月 8 日，"ALFA-X"的最新研发成果显示，最高时速已可达 400 公里。同时，日本致力于构建新型铁路，并力争推广新干线技术至海外。2018 年 11 月，国际高铁论坛在日本福冈市举行，邀请了东日本铁路公司及东海铁路公司高层等出席参加，宣传了日本新干线引以为豪的卓越安全性及通过开通高速铁路有望激活经济等优点，力争将新干线技术推广至海外。

6.2.2　国际新基建发展整体趋势

1. "规、快、省、优"：促 5G 大规模部署

纵观国际各国各地区，5G 建设都离不开"规、快、省、优"四个字。"规"

代表法律法规，5G 作为国之重器，新一代工业革命的最关键技术，它的发展离不开政府的大力支持，因此政府应当出台相应政策法规保障 5G 的快速发展，同时也要注意 5G 技术带来的安全隐私问题；"快"代表快速建网，运营商需要以快打慢，因为落后的网络和缓慢的 5G 建网速度，将让运营商错失大量新增 5G 用户，而快速的建网，能在一定程度上让运营商进入 5G 收益期，降低运营商 5G 投资回收压力；"省"表现在两个方面，其一针对运营商，即指的是如何能够花最少的钱建成 5G 网络，是运营商最为迫切的需求，其二针对用户，如何为用户省钱，使得用户以最低的成本进入 5G 网络；"优"指的是要优化用户体验，尽量打造完整的 5G 生态。从 5G 业务开展角度看，5G 应用场景很多，但是在 5G 商用初期，业务可以从 VR 等入手，发力娱乐、游戏、体育等消费者接触最为密切的场景，吸引用户，快速将 5G 网络用起来，比如韩国的运营商通过推出消费者喜爱的 VR 业务，获得了非常好的使用体验，消费者便不自觉地选择大流量套餐。精彩的 5G VR 等业务，也吸引了更多的消费者选择购买 5G 手机及 5G 业务。

2. 以人为本，政企两开花：大力挖掘人工智能产业价值

首先，人工智能行业与其他信息行业相同，对于高端技术人才具有较强的依赖性，因此发展人工智能技术必须以人为本，注意培养人工智能相关人才。其次，政府的积极作为能够为人工智能科技产业发展提供便利条件，制定相关政策，加速相关企业的孵化。政府应当首先关注市场平等化和为数据企业提供均等的数据及技术条件。另外，城市要首先引入科技创新企业巨头，以实现更多的人工智能科技企业孵化。最后，人工智能是一套技术或一种能力，能否转化为商业价值，还必须把它和企业的核心应用场景结合，把它嵌入到现有的产品和服务中。在人工智能行业发展中，要强调与现有的行业配合，进行行业赋能，需要培训和发展金融、文化、医疗、交通等行业中的人工智能应用人才及技术能力。要整合基础行业资源，政策优惠不仅要触及专门的人工智能公司，而且要渗透到所有的应用人工智能进行行业赋能的传统产业之中，实现"智能+"的全部融合。

3. 新能源汽车与充电桩配套发展

新能源汽车充电桩行业作为新能源汽车的配套产业，它的发展是与新能源汽车业的发展相辅相成，密不可分的。因此充电桩行业的发展离不开新能源汽车的发展。目前，国际上对于新能源汽车持积极态度。首先，世界各国各地区都通过发布政策大力支持新能源汽车业发展；其次，为了进行有效的推广，国外在开发新能源汽车时，不区分技术路线，而是尊重市场，他们在开发新能源汽车的时候

注重多元化发展，大力发展混合动力汽车；最后，加强国际的交流与合作。随着新能源汽车行业的蓬勃发展，充电桩行业也随之迎来发展。目前，世界各国各地区都在采取各种措施推广充电桩建设，比如日本对于充电桩的设立予以相应补贴、俄罗斯要求加油站旁必须设立充电桩以及法国以出租电动汽车牵引充电桩的普及等措施。

4."三步走"战略，带动工业互联网全面发展

首先，由政府出台一系列战略部署，保障工业互联网发展畅通无阻。其次，领军企业引领工业互联网发展。比如通用电气公司作为美国传统制造业的巨头，率先意识到数字化转型的重要性，于 2013 年推出 Predix 工业互联网平台，大力推动工业互联网发展。最后，积极打造工业互联网生态，并加强国际合作与交流。2014 年 3 月，通用电气公司、AT&T、思科、IBM、英特尔等 5 家企业联合成立 IIC，推动工业互联网技术标准化和试点应用，打造工业互联网生态体系。2015 年 IIC 发布工业互联网参考架构，系统性界定工业互联网架构体系。2016 年 3 月，IIC 和"工业 4.0"平台代表在瑞士苏黎世探讨分别推出的工业 4.0 参考架构模型和工业互联网参考架构的潜在一致性。截至 2021 年 12 月，美国工业物联网联盟已有来自全球近 40 个国家的近 300 家成员单位，致力于开展测试验证、标准制定、国际合作等工业互联网生态建设。

5. 大数据的发展及隐私的保护，二者难以兼得

首先，开源社区是大数据技术进步的大生态，从大数据技术的发展历程可以看出，大数据核心技术如分布式存储、云端分布式及网格计算均依赖于开源模式，即通过开放式的平台，吸引全球开发者通过开源社区进行代码的开发、维护和完善，从而集全球智慧推动大数据技术的不断进步。其次，政府战略是推动大数据产业发展的重要保障，完善的政策是当前大数据先行国家推广大数据应用的重要保障。在政府大数据战略部署和政策推动下，发达国家的政府部门、企业、高校及研究机构都开始积极探索大数据的应用。美国政府和欧盟成员国家都对大数据发展持积极态度。最后，隐私保护是大数据产业发展的难掩之伤，当前，各国对大数据产业创新给予支持的同时，未能形成明确的监管法律来确定个人隐私在大数据时代的法律边界，这造成了大数据行业发展的法律监管"灰色地带"。一方面，以数据驱动的经济发展模式是各国所向往的新经济形态，鼓励数据开放是"鱼"；另一方面，数据价值挖掘背后是对个人隐私权不同程度的侵犯，呼吁保护隐私是"熊掌"。但是，"鱼"和"熊掌"不可兼得。

6. 大力发展和普及特高压，保障国家能源安全和国民经济命脉

世界各国都在努力攻关特高压技术，并投入大量资金进行特高压技术研发与特高压工程建设。美国 2010~2030 年的 20 年间，在美国电网建设投资中，配电网投资将达到 5815 亿美元；德国政府制订了至 2022 年的电网发展规划，明确提出要修建跨区电力输送走廊，2000 多公里的直流输电走廊，加上新修和扩建的交流路线，将负责将北部区域的近 3200 万千瓦的绿色电力输送到南部负荷中心；日本政府计划在 2015 年左右，配合福岛地区核电站的建设和扩建将现有的特高压输电线路升至 1000 千伏运行，输送容量可达 1300 万千瓦。同时，特高压技术的发展和普及也无法离开政府的积极响应和配合，为此，美国出台《2005 年能源政策法》，德国制定《2050 年目标电网规划》，致力用政策保障特高压技术一路畅通，进一步保障国家能源安全和国民经济命脉。

7. 构建城际高速铁路、城际轨道交通网络，实现区域一体化

城际高速铁路与城际轨道交通的发展对区域空间结构影响巨大，在以高速化、公交化运营的城高城轨交通网络的推动下，都市圈内部要素流动迅速，经济、社会紧密性大幅增强，区域空间结构进一步优化，对区域统筹发展具有极强的动力。例如，法国巴黎大都市区在法国高速铁路系统的带动下，增加了与邻近省份甚至邻国的主要连接线，并在以巴黎为导向的交通圈内形成了铁路网一体化。促进了大巴黎地区、西欧地区空间结构的不断优化。东京城际铁路具有强大的市郊铁路功能，已有 17 条 JR 线（电气化铁路或新干线）、13 条轻轨为私营铁路，大部分以环城市中心线的山手线各站为起点，向近郊或邻近城市辐射，加上四通八达的地铁，构成了一个巨大的铁路网络；伦敦市郊铁路线网密度高、分布均匀，形成了多条放射走廊，连接了几乎所有主要市镇。轨道交通建设与城市空间拓展形成了良性互动，打破了行政区限制，构建了经济圈要素流动骨架，以达到城市之间合理分工，优势互补，形成了有竞争力的市场体系和公共设施体系，实现了区域一体化的目标。

6.3　粤港澳大湾区新基建现状及规划

2020 年 3 月 4 日，中共中央政治局常务委员会召开会议，提出要加快 5G 网络、数据中心等新型基础设施建设进度。截至 2020 年 3 月，全国 13 个省（自治区、直辖市）发布了 2020 年重点项目投资计划，其中 8 个省份公布了计划总投资额，共计 33.83 万亿元。大湾区在这之前也积极稳步推进新基建各领域的建设，

发布了相关的政策文件，对 5G、人工智能、新能源等领域做了布局与规划。

6.3.1 5G 现状及未来规划

随着 5G 上升为我国重要战略，全国各级政府积极响应，密集出台行动计划实施方案、指导意见等政策文件，为 5G 发展营造了良好的政策环境，积极推进 5G 网络建设、应用示范和产业发展，广东省范围内已发布相关 5G 政策 10 余个。2019 年 6 月 3 日，广东省工业和信息化厅发布了《广东省 5G 基站和智慧杆建设计划（2019 年—2022 年）》，其中明确表示，将在 4 年内建设 17 万座 5G 基站。广东省同时推出智慧杆的建设计划，预计到 2022 年将计划新建和存量改造智慧杆约 23 万根。2019 年广东省 5G 产业占全国超过 50%，而按照广东省工业和信息化厅预测，2022 年全国 5G 产业规模将超 2 万亿元，广东将占 60%。

同时，香港、澳门也在极力推进 5G 商用。澳门电讯在 2018 年已开展 5G 技术测试，2019 年开始进行 5G 网络前期规划，2019 年下半年开始部署 5G 网络。香港创新及科技局公布了香港 2017~2022 年的智慧城市蓝图，包括尖沙咀及观塘等地把 400 支灯柱换成智慧灯柱，配合 5G 科技，加装多功能感应器等，收集天气、人流、车流等数据。政府和通讯事务管理局正在各方面推进香港 5G 的发展，从频谱供应、支持技术测试，以至推行各项便利措施，协助电讯服务营办商拓展 5G 网络。

在政策规划方面，2019 年 4 月发布的《广东省培育世界级电子信息产业集群行动计划（2019—2022 年）（征求意见稿）》，有 20 处提及"5G"，明确提出"在珠三角城市群启动 5G 网络部署，加快 5G 商用步伐，将粤港澳大湾区打造成万亿级 5G 产业集聚区"①。《粤港澳大湾区发展规划纲要》提出，推动新一代信息技术等发展壮大为新支柱产业，在 5G 和移动互联网等重点领域培育一批重大产业项目。广东省于 2019 年 9 月底前完成全省 5G 基站建设规划编制，2020 年 6 月底前，各地市、县（区）政府将 5G 基站建设规划纳入城市（城乡）总体规划、控制性详细规划等。《广东省加快 5G 产业发展行动计划（2019—2022）年》提出了到 2020 年底，珠三角中心城区 5G 网络基本实现连续覆盖和商用；到 2022 年底，珠三角建成 5G 宽带城市群，粤东粤西粤北主要城区实现 5G 网络连续覆盖，并提出了重点应用和试点示范，包括"5G+智能制造""5G+智慧农业""5G+智慧教育""5G+智慧医疗""5G+智能交通"等。

港澳方面，为了就 5G 服务的推出做好准备，澳门邮电局经研究后，规划了澳门可用作 5G 服务的无线电频谱。为配合 5G 流动网络在香港发展，香港特区政

---

① 珠海加快推进 5G 新技术应用 助力粤港澳大湾区打造万亿级产业集聚区[EB/OL].(2019-05-07)[2021-11-05].http://www.zhxz.gov.cn/xxgk/rdzt/ygadwq/content/post_1444911.html.

府于 2019 年 3 月推出先导计划,主动开放合适的政府场所给流动服务营办商安装基站,并视计划的反应和进度考虑增加场所。

6.3.2　新能源应用现状及未来规划

习近平在全国生态环境保护大会上发表重要讲话,提出要"坚决打赢蓝天保卫战是重中之重,要以空气质量明显改善为刚性要求,强化联防联控,基本消除重污染天气,还老百姓蓝天白云、繁星闪烁"[①]。为了深入贯彻习近平的重要讲话精神,广东省在推广新能源汽车方面提出了更高的要求:至 2020 年,全省新能源公交车占全部公交车比例超过 75%,其中纯电动公交车占比超 65%;珠三角城市在 2020 年前全部实现公交电动化,其中纯电动公交车占比不低于 85%。深圳已实现专营公交 100%纯电动化,成为全球新能源公交应用规模最大、车型最齐的城市。广东作为全国最大汽车生产基地,同时也是我国新能源汽车销量基地,超过 1/8 的新能源汽车在广东销售,广东全省新能源汽车保有量已超 25 万辆。未来支持新能源汽车的推广,考虑到对绿色汽车的需求上升,香港特区政府免去了电动汽车新车税。

在新能源基础设施方面,截至 2019 年 8 月,广东省公共类充电基础设施运营数量达到 53 248 台,成为全国电动汽车充电基础设施运营数量第三大的省份,较 2018 年同期新增了 18 620 台。南方电网广东电网公司计划投资 27 亿元进行电动充电桩的建设,至 2020 年底在广东省内建成充电桩超过 1 万个,覆盖整个珠三角地区。对于充电桩不同运营商之间信息无法互通,用户需要下载多个 App(application,应用程序)的问题,广东电网公司成立广东省电动汽车充电基础设施促进联盟,仅 2018 年已有 50 余家企业加入,建成省级电动汽车充电智能服务平台"粤易充"App,有超过 1.9 万个充电桩接入,用户可以在这个平台进行充电桩的查找和支付。

香港也在推进新能源的发展,特斯拉在香港建起了一座拥有 50 个充电位的充电站,规模位居亚洲之首。2018 年 9 月 26 日,20 辆宇通纯电动客车在澳门正式投入使用,宇通是第一个将纯电动产品交付到澳门的品牌,澳门已有不少比亚迪纯电动客车在营运。按相关计划 2015 年及之前先导计划下,澳门已设置 10 个充电车位,在 2019 年,全澳公共停车场已建成 220 个充电车位。公共停车场内电动车充电设施由澳门电力股份有限公司管理,仍实施免费充电。

在电力建设方面,粤港澳大湾区受入的年送电量等效于减少了大湾区 5700 万吨标煤消耗,还将大力支持清洁能源开发利用,加大区外清洁低碳电力供应,到

---

①坚决打好污染防治攻坚战推动生态文明建设迈上新台阶[EB/OL].(2018-05-21)[2021-09-02].http s://baijiahao.baidu.com/s?id=1601067463801902957&wfr=spider&for=pc.

2035 年，大湾区清洁能源装机占比将达到 80%。

在政策规划方面，2018 年广东省制定了新能源汽车产业创新发展联席会议制度，针对新能源汽车产业创新发展的工作部署，协调解决重大问题，研究制定推动新能源汽车产业创新发展的政策措施及规划。2019 年 5 月，广东出台九方面 29 条具体举措激发消费潜力，明确提出促进汽车消费优化升级，重点推广新能源汽车应用，加快充换电基础设施建设。全省将按照省有关充电设施规划建设方案制订计划，倒排进度，按时完成高速服务区的充电设施建设，力争在 2020 年前形成以珠三角为核心、主要高速为骨干的城际充电网络体系。2018 年 6 月出台了《广东省人民政府关于加快新能源汽车产业创新发展的意见》，提出了加快新能源汽车规模化生产、加快新能源汽车充电加氢基础设施建设、加强新能源汽车推广应用等。

6.3.3　工业互联网、人工智能的发展现状及规划

国家对于工业系统的升级改造诉求足够强，万亿级市场空间足够大，工业互联网已经上升为国家战略。国家和地方政府先后出台政策推动工业互联网的落地。随着人工智能技术与其他产业加速融合，大湾区涌现出一批新产业、新业态，不仅给传统企业带来了新的生机，还初步形成了人工智能与智能制造产业集群。2017 年广东人工智能核心产业规模约 260 亿元，约占全国的 1/3，带动机器人及智能装备等相关产业规模超 2000 亿元，人工智能核心产业及相关产业规模均居全国前列。在中国"服务机器人"企业的地区分布方面，广东占比最高，全国占比达到 29.5%。在人工智能的金融科技应用方面，金融科技中心指数中大湾区居全球第 5 位，城市排名中，深圳排名第 125 位，香港排名第 22 位。

香港、澳门也十分重视发展人工智能的技术及应用。2019 年 7 月，香港特区政府提出聚焦发展人工智能、生物科技、智慧城市和金融科技四个优势范畴，其中人工智能实际上是另外 3 个属于应用型范畴的一个重要基础平台，计划建立世界级的研究聚集地，重点加强人工智能和机器人技术的研发。特区政府在香港科学园设立了人工智能及机器人科技创新平台，2019 年底平台搭建完毕，2020 年人工智能和机器人方面的企业已可申请入住。2017 年 8 月，澳门特区政府与阿里巴巴签署《构建智慧城市战略合作框架协议》，首阶段至 2019 年 6 月，主要完成云计算中心建设，以及澳门特区政府数据整合的工作，并逐步开展促进旅游、交通管理、医疗服务、电子政务等应用项目；第二阶段由 2019 年 7 月至 2021 年 6 月，双方在环境保护、海关通关和经济预测等方面开展合作。通过人工智能技术结合城市治理经验对能源、供水、医疗、教育等资源全部数据化，提升运转效率。在民生方面，推出"澳门公共服务一户通"账户及手机应用程序，持续进行公共服务流程优化及电子化。

政策规划方面，广东省早在 2015 年就发布了《广东省"互联网＋"行动计划（2015—2020 年）》，2018 年先后发布了《广东省深化"互联网+先进制造业"发展工业互联网的实施方案》和《广东省支持企业"上云上平台"加快发展工业互联网的若干扶持政策（2018—2020 年）》，从文件关键词看，"互联网""信息化""数据""应用""经济信息""服务""智能化"等是文件使用的高频词，这些词表明了政府对发展互联网和工业互联网的主要关注点与方向。预计到 2025 年广东要在全国率先建成具有国际竞争力的工业互联网网络基础设施和产业体系。广东省经济和信息化委员会初步挑选了广州、深圳、佛山、东莞 4 个工业和信息化基础扎实的试点，以及汕头、揭阳、湛江、阳江、中山 5 个粤东、粤西产业集群明显的试点，取得经验之后再向全省推广。香港生产力促进局一直协助制造业转向高增值生产及逐步升级至工业 4.0，包括与德国弗劳恩霍夫生产技术研究所共同成立了科创中心，协助企业加快采用创新工业技术，推动再工业化。此外，由香港特区成立的五所研发中心近年亦积极进行与再工业化相关的研发工作。

为进一步推动提高人工智能发展，2018 年 7 月，广东省政府印发了《广东省新一代人工智能发展规划》。目标是到 2030 年，人工智能基础层、技术层和应用层实现全链条重大突破，总体创新能力处于国际先进水平。提出将打造若干人工智能开放创新平台，支持腾讯加快建设医疗影像国家新一代人工智能开放创新平台、支持科大讯飞加快建设智能语音国家新一代人工智能开放创新平台；依托国家超级计算广州和深圳两大中心，加快建设一批深度学习计算服务平台。根据规划，广东将积极引导粤港澳三地人工智能领域的优势科研力量围绕高级机器学习、量子智能计算等关键核心领域加强研究合作，推进基础理论联合创新。

6.4　本　章　小　结

本章在分析新型基础设施建设对新兴产业发展作用的基础上，从 5G、人工智能、新能源、物联网、大数据、特高压、城际高速铁路和城际轨道交通等方面分析了国际新型基础设施建设的现状，并认为国际新型基础设施建设存在以下主要趋势：以"规、快、省、优"促进 5G 大规模部署；以人为本，政企两开花，大力挖掘人工智能产业价值；新能源汽车与充电桩配套发展；"三步走"战略带动工业互联网全面发展；大数据的发展及隐私的保护，二者难以兼得；大力发展和普及特高压，保障国家能源安全和国民经济命脉；构建城际高速铁路和城际轨道交通网络，实现区域一体化。在国际分析的基础上，进一步分析了粤港澳大湾区在 5G、人工智能、新能源等新基建领域的布局和规划。

第 7 章

粤港澳大湾区新兴产业发展的
未来目标与路径

前文分析了粤港澳大湾区新兴产业发展的总体情况以及新兴产业发展的政策支撑体系、创新支撑体系、金融支撑体系、新基建支撑体系。在此基础上，本章进一步研究粤港澳大湾区新兴产业发展的未来战略目标与实现路径。

7.1 粤港澳大湾区新兴产业的中长期发展目标

7.1.1 总体目标

推进粤港澳大湾区建设，是以习近平同志为核心的党中央作出的重大决策，是习近平总书记亲自谋划、亲自部署、亲自推动的重大国家战略。在新兴产业发展上，《粤港澳大湾区发展规划纲要》提出，支持粤港澳大湾区建成全球新兴产业重要策源地。基于国家对粤港澳大湾区的战略定位，结合大湾区新兴产业发展的评估，本书认为，未来大湾区新兴产业发展的总体目标为：全面迈向一个开放、融合与可持续的全球新兴产业高地。大湾区建设开放、融合与可持续的全球新兴产业高地的原因在于以下几点。

第一，基于欧美霸权的全球分工集成创新模式形成不了大湾区内生的核心创新生态，需要更加开放的创新组织模式重塑创新网络和产业市场，打破欧美把持的产业链条。粤港澳大湾区现有的发展成绩建立在信息技术革命背景下欧美发达国家产业转移的基础上。瑞士日内瓦高级国际关系及发展研究院教授鲍德温将发生于 20 世纪 70 年代至 21 世纪前十年的信息技术革命称为人类历史上的"第二次经济大转型"。正是在这一次大转型期间，信息技术革命极大降低了通信成本，使得发达国家的先进制造业能够转移到具有更低劳动力成本的发展中国家，实现了"全球生产、全球消费"的国际产业链。伴随此过程的是发达国家先进制造业知识向发展中国家的转移。也正因如此，中国制造业的知识水平才得到了快速提升，并带来了中国当前的产业集聚优势和范围优势，以及在相当长一段时间内经济体量的快速增长。

但"第二次经济大转型"并没有解决核心创新生态的内生增长问题，两方面现象已经引起了重点关注：一方面，就产业领域而言，信息技术革命催生的全球产业链转移主要集中于生产制造业，而附加值更高的服务业却仍然集中于发达国家，其溢出效应有限；另一方面，就产业地域而言，以集成电路、人工智能、生物信息为代表的新一代高新核心技术产业，仍然主要集中在美国硅谷、波士顿及欧洲部分地区，而并没有延伸至发展中国家，无论是中国京津冀、长三角、珠三角，抑或是印度班加罗尔、南非开普敦、肯尼亚内罗毕，都难以与欧美匹敌，"创新孤岛"效应十分严重。换言之，虽然信息技术革命带来了制造业的全球产业链转移，并促进了以中国为代表的发展中国家经济的快速增长，但欧美发达国家对于核心高新技术的掌控，仍然使其在全球分工集成创新体系中占据优势地位。

在此背景下，已经受益于"第二次经济大转型"的粤港澳大湾区，将不得不面临新的发展瓶颈与发展"天花板"，继续承接欧美国家制造业转移、跟随欧美国家界定的产业链结构，已经难以满足大湾区的发展要求。同时，新一代高新核心技术方兴未艾，特别是受益于人工智能技术的快速进步，人类社会正在进入鲍德温所指的"第三次经济大转型"时期，其主要是指服务业内传统智力劳动者被"数字移民"和"白领机器人"取代的转型过程。在此背景下，大湾区要实现新的跨越式发展，成长为国际引领性的创新高地和产业高地，必须打破"第二次经济大转型"期间由欧美界定产业链结构的传统窠臼，革新发展模式以迎接"第三次经济大转型"的机遇与挑战。

革新发展模式的关键在于"开放"，这又具体体现在两个方面。一方面，应开放技术创新网络以促进知识的有序扩散与吸纳，这既体现为大湾区要充分发挥区域高地作用，将本区域的先进生产知识通过技术创新网络向其他地域扩散，同时也体现为大湾区要利用已有技术创新网络，以更开放的姿态，吸引全球知识的聚集。另一方面，应开放市场环境，以更深度地融入全球市场，这既要求打破传统产业市场边界以促进企业更好地"走出去"，也意味要积极面对其他企业"走进来"的新挑战。之所以强调将开放作为打破欧美发达国家霸权的关键手段，源于"第三次经济大转型"的客观要求，人工智能推动下的"数字移民"以及"白领机器人"天然地跨越地理疆界。此时产业的发展重心在于突破核心技术的关键瓶颈，而非人为建构约束流动的制度门槛。唯有如此，才可能通过充分调动、利用全球资源以建设不同于欧美在"第二次经济大转型"期间所建设的全球分工集成创新体系。

第二，新兴产业发展离不开稳定和有效的政治社会环境支撑。香港社会的泛政治化已经对香港经济社会发展产生了较大的社会压力①，尤其是不正确、扭曲的社会舆论和压力会对科研工作者与内地合作产生负面、不恰当的影响，且对国家政策产生不全面或不正确的认知。例如，香港国安法实施后，由于反对派的恶意抹黑，香港社会对触犯国安法的界限理解并不彻底，一些科研工作者较为担忧在日常生活和工作中无意间的言行会触犯国安法的情形而导致被批捕和入罪。这种担忧对于较少与内地合作的香港科研工作者来说比较常见，阻碍了其与内地合作的动机。对于已经与内地建立长期合作关系的科研工作者来说，香港国安法有积极的鼓励作用。由于有内地合作的经验，对内地所规范的言行较为了解，不会有政治因素方面的担忧。相反，国安法出台后，香港社会秩序重回正轨，有利于本地科研工作的开展，从而有利于香港与内地科技产业的协同，泛政治化的现象也将越来越没有空间。因此，大湾区需要构建一个融合的产业生态，推动大湾区新兴产业发展迈向全球高地。

第三，政府市场和技术治理现代化能力与建设全球新兴产业高地的要求仍然有较大距离，政府必须要有对政府作为的边界意识，要有培育可持续产业生态的长期战略，不断推动支撑产业创新发展的政策工具创新。当前，科技创新的全域重要性正日益显现，竞争趋于白热化。科学、技术、创新突破的难度和复杂性空前提升，科技创新领域的竞争逐步演化为系统之间的竞争，科技创新领域的竞争已超越微观组织和个体层面，已成为创新体系和创新生态系统之间的竞争。科技创新的不确定性、不稳定性持续增加，制度供给的质量和效率面临严峻挑战。科技创新存在其客观规律，国内外经验表明大量前沿性科技创新最初均来自大量中小型企业的独立研究，并经过长期摸索、市场优胜劣汰来产生。当前，政府治理能力现代化水平距离建设全球新兴产业高地的内在要求仍有较大差距。一方面，政府对企业技术创新过度干预，不利于企业成为真正的技术创新主体。另一方面，政府在为企业营造良好的创新环境方面着力不够，基础生产要素价格扭曲，市场竞争不规范、不充分，知识产权保护制度不完善，产业和融资环境较差，创新人才缺乏，影响了企业创新的动力、能力和绩效。国内外实践经验表明，要科学厘清政府与市场的边界，进一步明晰政府与市场支持科技创新的功能定位，科学合理确定政府科技投入的边界和方式，使市场在资源配置中起决定性作用，加快建立完善多元化、多层次、多渠道的科技投入体系，推动大湾区新兴产业的可持续发展。

---

① 人民日报：让香港走出泛政治化和暴力泥沼[EB/OL].（2019-10-21）[2022-05-26].https://www.163.com/news/article/ES23E6J50001899N.html.

7.1.2　发展目标设定

在明确粤港澳大湾区新兴产业中长期总体目标定位的基础上，立足发展现实，对标国际领先水平，合理设定粤港澳大湾区新兴产业在开放、融合、可持续发展上的具体目标，为大湾区新兴产业的发展提供量化的操作指引（表7-1），助力粤港澳大湾区建设全球新兴产业高地。

表7-1　开放、融合、可持续发展目标

维度	具体指标	2025年	2030年	2035年	2050年
开放发展	外籍人才占常住人口比重/%	3.3	4.9	6.5	10
	独角兽企业数量/家	46	100	250	400
	高技术产品出口占货物出口额比重/%	40	50	60	70
融合发展	居住大湾区内地的港澳人口数/万人	35	40	45	60
	大湾区内地赴港上市的企业数/家	420	570	720	1170
可持续发展	基础研究经费投入占研发经费投入比重/%	10	15	20	40
	研发经费投入强度/%	3.2	3.5	3.8	5
	科技进步贡献率/%	70	75	80	90
	新兴产业增加值占地区生产总值比重/%	20	30	38	50
	具有全球影响力的新兴产业个数/个	1	2	3	5

1. 开放发展目标

开放发展的新兴产业湾区是：新兴产业要素的聚集地，企业的国际化水平不断提升，高技术产业国际竞争力位居全球前列，在更高层次参与国际经济合作和竞争。

1）指标选择缘由

利用外籍人才占常住人口比重、高技术产品出口占货物出口额比重、独角兽企业数量三个指标勾勒粤港澳大湾区新兴产业的开放发展目标。

（1）外籍人才占常住人口比重。新兴产业的发展离不开人才的支持，特别是具有国际化背景的高端人才对新兴产业发展具有至关重要的意义。旧金山、纽约、东京等湾区都对国际高端人才十分重视，积极推动国际人才交流，大力引进高端人才，汇聚全球顶尖智力资源。因此，本书将外籍人才占比作为一个发展指标。

（2）独角兽企业数量[①]。独角兽企业数量不是直接度量大湾区新兴产业开放发

[①] 本书所指的独角兽企业以 CB Insights 公布的名单为准。

展的指标，但由于独角兽企业基本集中在新兴产业领域①，并且在公司战略、产品经营范围、股权结构等方面，独角兽企业都表现出了更高的国际化倾向②，因此独角兽企业数量能够在一定程度上反映大湾区新兴产业的开放发展程度。同时，作为高成长性企业，独角兽企业数量也能反映新兴产业的可持续发展。

（3）高技术产品出口占货物出口额比重。该指标通过高新技术产品出口的变化情况，不仅反映了出口结构的优化程度，而且反映了创新对产业国际竞争力的影响效果，体现了粤港澳大湾区新兴产业开放发展的情况。由国家统计局社科文司编制的《中国创新指数研究》采用了该指标衡量产业的国际竞争力，因此本书也使用该指标衡量大湾区新兴产业的开放发展。

2）指标测算与设定

粤港澳大湾区新兴产业开放发展指标的测算与设定见专栏 7-1。

专栏 7-1　开放发展目标

（1）外籍人才占常住人口比重

2025 年目标：根据全球化智库（Center for China & Globalization，CCG）发布的《粤港澳大湾区人才发展报告》提供的数据，可以计算③，香港、广州、深圳外籍人才占常住人口的比重为 1.7%，如果考虑上大湾区其他城市的情况，大湾区外籍人才占比应该会低于 1.7%。联合国的数据显示，外籍人才占比的全球平均水平为 3.3%。因此，本书将大湾区到 2025 年时外籍人才占比的目标设定为 3.3%，届时大湾区外籍人才占比将不低于全球平均水平。

2030 年目标：2025 年的目标提高了 1.6 个百分点，按照这一提升幅度，到 2030 年，大湾区外籍人才占比将达到 4.9%，因此，本书将 2030 年的目标设定为 4.9%。

2035 年目标：如果保持 2025~2030 年的增加幅度，即到 2035 年时，大湾区外籍人才占比将达到 6.5%。

2050 年目标：联合国的数据显示，当前发达国家外籍人才占比达到了 10% 左右，因此，本书认为，大湾区需要以更大力度实现外籍人才的聚集，力争到 2050

---

① 根据 CB Insighs 提供的数据，粤港澳大湾区的独角兽企业主要集中在芯片研发、生物医药、金融科技、机器人、自动驾驶等领域。

② 《普华永道中国独角兽 CEO 调研 2020》的报告显示，41%的独角兽企业有在美股、港股、伦敦交易所上市的计划，41%的独角兽企业有海外拓展计划，16%的独角兽企业将拓展海外市场作为高优先级战略。

③ 报告显示，香港、广州、深圳外籍人才占比分别为 8.6%、0.36%、0.2%，将占比乘以 2020 年常住人口数，得到外籍人才数，然后再除以三个城市的常住人口数，即可得到三个城市的外籍人才占比。

年时外籍人才占比达到发达国家水平，推动新兴产业的高水平开放发展。

（2）独角兽企业数量

2025 年目标：根据 CB Insighs 提供的数据，2017~2019 年，大湾区平均每年增加 5 家独角兽企业，如果保持这一增长数量，在 2019 年 16 家独角兽企业的基础上，可以设定到 2025 年大湾区独角兽企业的数量为 46 家。

2030 年目标：继续假定大湾区每年增加 5 家独角兽企业，那么到 2030 年独角兽企业数将达到 70 家左右。2019 年时，旧金山湾区独角兽企业数达到了 97 家。因此，为了在 2030 年时，追赶上旧金山湾区当前的水平，报告设定到 2030 年时大湾区独角兽企业数量翻一番，达到 100 家左右的水平。

2035 年目标：从旧金山湾区的历史数据来看，2015~2019 年，旧金山湾区独角兽企业数增加了 50 家左右，如果旧金山按照这一增加幅度，可以推算，到 2035 年时，旧金山湾区独角兽企业数将在 250 家左右。粤港澳大湾区 2030 年的目标为 100 家，在此基础上，大湾区需要以更大力度培育独角兽企业，实现到 2035 年时达到 250 家的目标，与旧金山湾区独角兽企业持平。

2050 年目标：当独角兽企业数量增加到一定程度后，继续保持较快增加幅度是较为困难的。因此，本报告参照旧金山湾区每五年增加 50 家的速度，设定粤港澳大湾区 2050 年的目标为 400 家独角兽企业。

（3）高技术产品出口占货物出口额比重

2025 年目标：2020 年广东高技术产品出口占货物出口额比重为 34.6%，该比重相比 2018 年下降了 1.6 个百分点。当前的国际环境更是加剧了粤港澳大湾区进出口贸易的不确定性。因此，考虑到当前及未来国际环境的变化，将高技术产品出口占比到 2025 年的目标设定为 40%。

2030 年目标：世界发达国家高技术产品出口占比的平均水平为 47%。因此，对标发达国家平均水平，可将大湾区到 2030 年的目标设定为 50% 左右。

2035 年目标：从美国、英国、德国等发达国家出口的历史数据来看，这些国家高技术产品出口占比长期维持在 60% 左右。因此，本书将大湾区 2035 年的目标设定为 60%，以达到美国、英国、德国等发达国家的水平。

2050 年目标：虽然美国、英国、德国等欧美发达国家高技术产品出口占比稳定在 60% 左右，但日本、韩国出口的经验数据表明，60% 并非"天花板"，这两个东亚国家高技术产品的出口占比稳定在 70% 左右。因此，展望到 2050 年，大湾区高技术产品出口占比可设定为 70%。

2. 融合发展目标

融合发展的新兴产业湾区是：珠三角九市与港澳全面务实合作，破除影响产业要素自由流动的瓶颈和制约，实现人员、物资、资金、信息便捷有序流动。

1）指标选择缘由

利用居住大湾区内地的港澳人口数、大湾区内地赴港上市的企业数两个指标勾勒粤港澳大湾区新兴产业的融合发展目标。

（1）居住大湾区内地的港澳人口数。大湾区要实现融合发展、跻身世界级城市群，解决好人口流动是其关键所在、动力所在。只有把人口流动的积极性都调动起来、激发出来，才能为其他要素的共融互通踏平障碍。因此，本书利用居住大湾区内地的港澳人口数衡量大湾区内的人口流动情况，人口数量越多，说明大湾区的人口融合程度越高。

（2）大湾区内地赴港上市的企业数。粤港澳大湾区新兴产业的高质量发展离不开多层次、多元化、国际化的科技金融体系的支撑。为此，大湾区要打造协同高效的粤港澳核心金融圈，推动大湾区金融市场互联互通，促进跨境资本的自由流通。鼓励符合条件的创新型科技企业在港交所上市，有助于扩大湾区资本市场对创新型企业的包容性和覆盖面。2020年央行等四部门发布《关于金融支持粤港澳大湾区建设的意见》也特别指出，在扩大证券业开放方面，鼓励符合条件的创新型企业赴港澳融资、上市。因此，本书选择大湾区内地赴港上市的企业数衡量大湾区金融市场的融合程度。

2）指标测算与设定

粤港澳大湾区新兴产业融合发展指标的测算与设定见专栏7-2。

专栏7-2　融合发展目标

（1）居住大湾区内地的港澳人口数

2025年目标：第六次全国人口普查数据显示，2010年居住在广东的港澳人口为19.38万人。广东省省长马兴瑞在2021年4月接受采访时，谈到居住在广东的港澳人口超过30万。鉴于港澳人口也主要集中在大湾区内地，因此本书近似认为2010年居住在大湾区内地城市的港澳人口为19.38万人，2020年为30万人，也就是说，十年间增加了10万人，平均每五年增加5万人。报告假定未来五年居住大湾区内地城市的港澳人口仍增加5万人，达到35万人。

2030年目标：保持每五年增加5万人的速度，到2030年时，居住大湾区内地城市的港澳人口达40万人。

2035年目标：保持每五年增加5万人的速度，到2035年时，居住大湾区内地城市的港澳人口达45万人。

2050年目标：保持每五年增加5万人的速度，到2050年时，居住大湾区内地城市的港澳人口达60万人。

（2）大湾区内地赴港上市的企业数

2025 年目标：从 2018~2020 年的数据来看，每年广东省新增赴港上市企业数在 30 家左右。2020 年，累计上市企业数达到 276 家。如果按照每年新增 30 家赴港上市公司的速度，五年可增加 150 家上市公司。因此，本书设定大湾区内地赴港上市企业数到 2025 年的目标为 420 家。

2030 年目标：保持每五年新增 150 家赴港上市公司的速度，到 2030 年时，大湾区内地赴港上市企业数累计达 570 家。

2035 年目标：保持每五年新增 150 家赴港上市公司的速度，到 2035 年时，大湾区内地赴港上市企业数累计达 720 家。

2050 年目标：保持每五年新增 150 家赴港上市公司的速度，到 2050 年时，大湾区内地赴港上市企业数累计达 1170 家。

3. 可持续发展目标

可持续发展的新兴产业湾区是：形成强大的科技创新支撑能力，新兴产业成为大湾区经济发展的支柱力量，培育出具有全球影响力的新兴产业集群，形成以创新为主要动力和支撑的新兴产业体系。

1）指标选择缘由

利用基础研究经费投入占研发经费投入比重、研发经费投入强度、科技进步贡献率、新兴产业增加值占地区生产总值比重、具有全球影响力的新兴产业个数五个指标勾勒粤港澳大湾区新兴产业的可持续发展目标。

（1）基础研究经费投入占研发经费投入比重。强大的基础研究是推动粤港澳大湾区科技自立自强的重要保障。借鉴国家"十四五"规划和广东"十四五"规划关于基础研究发展目标的设定，将"基础研究经费投入占研发经费投入比重"作为监测粤港澳大湾区新兴产业可持续发展的一个重要指标。

（2）研发经费投入强度。科技创新活动具有资本密集型的典型特征。粤港澳大湾区科技创新的可持续发展也必然要求有可持续的研发经费投入。研发经费投入强度（研发经费投入占 GDP 比重）是衡量一个国家或地区在科技创新方面努力程度的重要指标。本书使用该指标量化粤港澳大湾区新兴产业可持续发展的目标。如果有足够经费的支撑，并能够保障基础研究发展的投入需求，粤港澳大湾区的新兴产业就拥有了可持续发展的物质基础。

（3）科技进步贡献率。创新成果必须能支撑得起经济的高质量发展，否则新兴产业的发展将失去动力基础。如果新兴产业不能实现可持续发展，科技创新活动也将难以得到可持续的经费支持。因此，为了衡量科技创新对经济发展的促进作用，参考《长江三角洲区域一体化发展规划纲要》，选择了科技进步贡献率①作为新兴产业可持续发展的一个量化指标。

（4）新兴产业增加值占地区生产总值比重。大湾区新兴产业若想实现可持续发展，需在经济总量中具有一定的发展基础，形成产业集群效应，成为引领经济发展的新动能。为此，本书将"新兴产业增加值占地区生产总值比重"作为新兴产业可持续发展的一个衡量指标。国家"十四五"规划和大湾区内的广州"十四五"规划也设置了这一新兴产业的发展目标。

（5）具有全球影响力的新兴产业个数。大湾区要想成为全球新兴产业的重要策源地，这就要求新兴产业不仅要成为自身经济发展的重要支柱，而且也要引领全球新兴产业的发展方向。鉴于此，粤港澳大湾区新兴产业的可持续还体现为是否有具有全球影响力的新兴产业，故而"具有全球影响力的新兴产业个数"便成为一个衡量指标。

2）指标测算与设定

粤港澳大湾区新兴产业可持续发展指标的测算与设定见专栏7-3。

专栏 7-3　可持续发展目标

（1）基础研究经费投入占研发经费投入比重

2025 年目标：《广东省国民经济和社会发展第十四个五年规划和 2035 年远景目标纲要》提出，2025 年广东争取全社会基础研究经费投入占研发经费比重达到 10%。由于大湾区中的广州、深圳等城市是广东基础研究经费投入的主力军，而港澳本身的研发投入规模不大，基础研究经费投入也就相对较小，因此本书将广东 2025 年的目标也作为大湾区基础研究发展的目标。

2030 年目标：2019 年广东基础研究经费投入占研发经费投入比重为 4.6%，而 2025 年的发展目标为 10%，可推测广东按照每年增加 1 个百分点设定 2025 年的目标。如果继续按照每年增加 1 个百分点的趋势，可以设定 2030 年粤港澳大湾区的目标为 15%。有研究表明，东部地区基础研究经费投入占研发经费投入比重需提到 15% 方能支撑得起区域经济的创新发展，因此本书设定 2030 年实现 15% 的目标也是合理的。

2035 年目标：2018 年颁布的《国务院关于全面加强基础科学研究的若干意见》提出，到 2035 年，我国基础科学研究整体水平和国际影响力大幅跃升，为

---

① 科技进步贡献率是指广义技术进步对经济增长的贡献份额，即扣除了资本和劳动之外的其他因素对经济增长的贡献。该指标是衡量科技竞争实力和科技成果转化为现实生产力的综合性指标，反映了科技支撑经济社会发展的整体效益。

跻身创新型国家前列奠定坚实基础。2020 年中国科技统计年鉴提供的数据显示，美国、日本、瑞士、英国、法国等发达创新型国家基础研究经费投入占研发经费投入比重的均值为 19.7%，接近 20%。因此，到 2035 年，粤港澳大湾区基础研究经费投入占研发经费投入比重也应达到 20%，为我国跻身创新型国家前列做出应有的贡献。

2050 年目标：在世界创新型国家中，瑞士是基础研究经费投入占研发经费投入比重最高的国家。2017 年，该比重达到 40% 左右。如果对标全球最高水平，展望到 2050 年时，粤港澳大湾区基础研究经费投入占研发经费投入比重应该达到 40%。

（2）研发经费投入强度

2025 年目标：2019 年大湾区（不含澳门）、长三角研发经费投入强度分别为 2.83%、2.84%，基本相当。《长江三角洲区域一体化发展规划纲要》提出，到 2025 年，长三角地区研发投入强度要达到 3% 以上，因此粤港澳大湾区研发经费投入强度也应达到 3% 以上。2015 年长三角地区研发经费投入强度为 2.6%，意味着 2015~2019 年长三角地区研发经费投入强度增加了 0.24 个百分点，按照这一增长速度，可以推测 2025 年长三角地区研发经费投入强度将达到 3.1% 左右。从不低于长三角地区研发经费投入强度的角度考虑，本书将粤港澳大湾区研发经费投入强度 2025 年的目标设定为 3.2%。

2030 年目标：根据有关文献的研究数据，可以测算东京湾区、旧金山湾区、纽约湾区研发经费投入强度的均值早在 2015 年达到了 3.36%[①]，由于三大湾区的创新路径已经较为成熟，因此三大湾区的研发经费投入强度会在较长时期内保持稳定。同时，如果按照每 5 年增加 0.3 个百分点的增长速度，2030 年长三角地区研发经费投入强度将达到 3.4% 左右。从比肩三大湾区和不低于长三角研发经费投入强度的角度考虑，可将粤港澳大湾区 2030 年研发经费投入强度的目标设定为 3.5%。

2035 年目标：无论是 2025 年目标的测算，还是 2030 年目标的测算，本书基本是按照每 5 年增加 0.3 个百分点的增长速度进行测算的，如果继续保持这一增长速度，可以设定 2035 年粤港澳大湾区研发经费投入强度目标为 3.8%。

2050 年目标：旧金山湾区与粤港澳大湾区产业结构相近，新一代信息技术产业为主导产业。旧金山湾区研发经费投入强度已经超过了 5%。如果对标旧金山湾区，可以展望 2050 年时粤港澳大湾区研发经费投入强度应达到 5% 以上。

[①] 2015 年东京湾区研发经费投入强度 3.5%，旧金山湾区研发经费投入强度 5.02%，纽约湾区研发经费投入强度 1.55%。

（3）科技进步贡献率

2025 年目标：一个国家（地区）科技对经济发展的贡献率如果超过了 70%，就意味着这个国家（地区）进入了创新型国家（地区）的行列。本书认为，粤港澳大湾区有基础在 2025 年科技进步贡献率达到 70%，为建成具有全球影响力的国际科技创新中心奠定基础。首先，在全国层面，2020 年我国科技进步贡献率已超过 60%。其次，从粤港澳大湾区内部来看，2020 年广州和东莞的科技进步贡献率已超过 60%[①②]；深圳科技进步贡献率早在 2016 年就超过了 60%。

2030 年目标：广东"十四五"规划提供的数据显示，2015~2020 年，广东科技进步贡献率增加了 3 个百分点。如果按照该增长速度，粤港澳大湾区在 2025 年发展目标的基础上，到 2030 年时，科技进步贡献率至少会达到 73%。考虑到大湾区的整体情况好于广东省，因此可将大湾区 2030 年科技进步贡献率的目标设定为 75%。

2035 年目标：美国、德国等创新型国家科技进步贡献率在 80% 以上，因此本书认为，到 2035 年时，粤港澳大湾区的科技进步贡献率应达到 80% 以上的水平，方能成为全球科技创新的高地。

2050 年目标：按照每 5 年增加 3 个百分点，到 2050 年时，粤港澳大湾区科技进步贡献率可展望到 90%。

（4）新兴产业增加值占地区生产总值比重

2025 年目标：国家"十四五"规划明确提出，2025 年新兴产业增加值占 GDP 比重要超过 17%。《长三角 G60 科创走廊建设方案》也提出，到 2022 年，战略性新兴产业增加值占地区生产总值比重达到 15%。可以推测，到 2025 年时，长三角地区该比重应该会在 17% 至 20% 之间。虽然从公开资料无法得知大湾区该比重的现状和规划，但《广东省人民政府办公厅关于印发广东省战略性新兴产业发展"十三五"规划的通知》提出新兴产业增加值占地区生产总值比重在 2020 年的目标为 16%，由此可以推测大湾区 2020 年新兴产业增加值占地区生产总值比重至少达到了 16%。也就是说，粤港澳大湾区在 2020 年已经超过了长三角地区 2022 年的目标，接近全国 2025 年的目标。全国新兴产业增加值占地区生产总值比重 2020 年为 15%，2025 年规划目标为至少 17%，可见 5 年间增加至少 2 个百分点。如果按照全国增长速度，大湾区在 2025 年至少会达到 18%，但为了体现引领全国新兴产业发展的作用和考虑大湾区的实际增速会快于全国水平，本书在 18% 的基础上将粤港澳大湾区 2025 年的目标设定为 20%。

---

① 数据来源于《广州市建设科技创新强市三年行动计划（2019—2021 年）（征求意见稿）》。
② 数据来源于《中共东莞市委关于深入推进"三个走在前列"的实施意见》。

2030 年目标：2020 年广州新兴产业增加值占地区生产总值比重为 30%。本书认为，粤港澳大湾区经过十年的发展，到 2030 年时，应该达到广州的水平。因此，2030 年大湾区新兴产业增加值占地区生产总值比重可设定为 30%。

2035 年目标：广州、深圳新兴产业增加值占地区生产总值比重在 2025 年的规划值分别是 35%、38%。按照前期新兴产业增加值的增长速度，粤港澳大湾区在 2035 年时会超过广州的水平。因此，2035 年大湾区的目标可对标深圳 2025 年的目标，将新兴产业增加值占地区生产总值的比重设定为 38%。

2050 年目标：新兴产业若想在大湾区经济发展中发挥中流砥柱的作用，新兴产业增加值占地区生产总值比重至少应达到 50%，因此 2050 年目标可展望为 50%。

（5）具有全球影响力的新兴产业个数

2025 年目标：旧金山、纽约、东京三大国际湾区均培育出了标志性的具有全球影响力的新兴产业。从这三大国际湾区的发展经验来看，它们并非在所有新兴产业领域都具有全球影响力。同样地，在产业资源有限的条件下，粤港澳大湾区也没有必要追求全部新兴产业具有全球影响力。基于"锻长板"的战略思想，并结合粤港澳大湾区新兴产业的发展基础，本书认为，2025 年粤港澳大湾区可将新一代信息技术培育为具有全球影响力的新兴产业。

2030 年目标：高端装备制造业是大湾区仅次于新一代信息技术的第二大产业，因此 2030 年可将高端装备制造培育为具有全球影响力的新兴产业。

2035 年目标：新材料产业是其他新兴产业的源头性产业，对促进大湾区整体新兴产业的发展具有重要的作用。前文分析表明，新材料产业处于大湾区新兴产业发展的第二梯队，因此到 2035 年，应力争将新材料培育为具有全球影响力的新兴产业。

2050 年目标：大湾区的生物和新能源产业也有发展为具有全球影响力的新兴产业的基础。因此，展望到 2050 年，也可将这两个产业培育为具有全球影响力的新兴产业，届时粤港澳大湾区新兴产业发展能级将实现全面跃升。

7.2　国际三大湾区新兴产业发展的经验措施

纽约湾区、旧金山湾区、东京湾区是国际著名的三大湾区，纽约湾区为"金融湾区"、旧金山湾区为"科技湾区"、东京湾区为"产业湾区"。本节将总结这三大湾区新兴产业发展的经验措施，以对粤港澳大湾区推动新兴产业的高质量发展提供经验借鉴。

7.2.1 纽约湾区新兴产业发展情况

1. 地理位置

纽约湾区地处美国东北部、大西洋西岸,以纽约市为中心,包括纽约州、新泽西州、康涅狄格州以及宾夕法尼亚州35个郡,主要有纽约、泽西、纽瓦克等城市。纽约湾区是美国人口密度最高的地区,其通过充分利用天然的地理优势,构建便利的水陆交通网络,在国内及国际贸易中都具备独特的运输成本优势,进而获得了强大的区位优势和地区影响力。

2. 产业发展

从产业发展路径上看,纽约湾区利用发展外向型经济的良好条件,使商贸、金融在区域内聚集,发展成为全球经济的领导者。纽约湾区先后进行过4次区域规划,建立了一批重要的基础设施、经济开放空间、经济发展项目,强调建立以工作和交通为中心的可持续社区。通过一系列引导性政策,纽约市不断强化其现代服务业职能,将制造业等传统产业逐渐转移到郊区,促进产业转型升级,继而促进纽约市为中心的生产性服务业、知识密集型产业等新兴产业加速发展。正是由于产业扩散的影响,纽约湾区中心城市慢慢成为金融、房地产、交通、教育等第三产业为主导的聚集地,发挥着指挥与控制职能,周边城镇受到中心城市经济的辐射,促使其产业向更有利的方向发展,竞争力也随之增强,逐渐发展成为城市化水平更高的地区。纽约湾区汇集了大量世界金融、证券等机构,以及世界五百强企业总部、世界高校。纽约湾区的产业集群主要包括计算机硬件与电子、工业机器与系统、交通设备、生物医药、材料加工、光学与成像、软件、食品加工、金融服务、通信与传媒等。从当前情况来看,纽约湾区服务业占比超过90%,制造业占比为8%。其中,服务业以金融业、信息服务业等先进服务业为主;制造业以制药业、电子信息等先进制造业为主。

3. 区域布局

如表7-2所示,纽约湾区的纽约州、新泽西州、康涅狄格州均有自己的优势新兴产业,同时也有金融保险等新兴产业服务业支撑新兴产业的发展。纽约州是金融业的聚集地,是全球规模最大的金融服务业及商业中心。纽约州的电子信息产业虽然在整个产业结构中占比较小,但在美国具有很强的竞争优势。光电子就业数全美第一,国防电子产值全美第二。新泽西州的制药业极为发达,全球最大的21家制药和医疗技术公司总部或中心设立于此。同时,新泽西州还汇集了贝尔实验室、霍尼韦尔等研发创新服务实验室或研究机构，为新兴产业的发展提供市场化的研发服务。康涅狄格州的重点新兴产业为高端装备制造和生物医药。该州素有"美国兵工厂"之称，汇集了通用电气公司、联合技术公司、施乐、惠普等龙头企业。

表 7-2 纽约湾区新兴产业区域布局

区域	重点新兴产业	代表性企业
纽约州	新兴产业服务业（金融）	摩根大通、花旗银行、纽约证券交易所、美国国际集团
	电子信息	国际商业机器公司
新泽西州	制药业	强生、默克、新基、华纳·兰伯特制药
	专业技术服务	贝尔实验室、霍尼韦尔
	新兴产业服务业（保险）	普天寿保险公司
康涅狄格州	生物医药	辉瑞、亚力兄制药
	高端装备制造	通用电气公司、联合技术公司、施乐、惠普、西科斯基飞行器公司
	新兴产业服务业（保险）	安泰保险、信诺保险集团

7.2.2 旧金山湾区新兴产业发展情况

1. 地理位置

旧金山湾区是美国西海岸加利福尼亚州北部的一个大都会区，陆地面积 1.8 万平方公里。旧金山湾区位于萨克拉门托河下游出海口的旧金山湾四周，共有 9 个县、城镇多达 101 个，主要城市包括旧金山半岛上的旧金山、东部的奥克兰和南部的圣何塞等，世界著名的高科技研发基地硅谷即位于湾区南部。总体来看，旧金山湾区可以分为"北湾""旧金山市""东湾""旧金山半岛""南湾"等五大板块。

2. 产业发展

旧金山湾区的主导产业包括高新技术服务业、信息产业、金融保险业以及旅游相关的住宿、餐饮等。如表 7-3 所示，根据美国劳工统计局的统计，旧金山湾区制造业的就业比例，从 1990 年的 14.9%下降到 2019 年的 8.9%。但电脑和相关的设备及产品、半导体及其他电子元器件产品，以及分布在硅谷和半岛的精密仪器设计、研发及制造产业，都保持了较高的就业水平。由此可见，旧金山湾区主要的新兴产业为新一代信息技术产业。硅谷的崛起使全球从工业时代过渡到信息时代。同时，旧金山湾区拥有最开放的经济空间和富有效率的科技金融体系，是全世界风险投资行业最发达的地区，其风投行业与创业板市场相互促进。在企业科技研发、成果转化、产业化发展等各个阶段，各类社会资源得以充分调动和配置，满足了高科技产业的发展需求。

表 7-3　旧金山湾区重点产业的就业比重（单位：%）

产业	1990 年	2000 年	2011 年	2019 年
高新技术服务业	7.8	10.3	11.8	16.1
住宿、餐饮	7.8	7.7	9.8	10.9
制造业	14.9	13.1	9.3	8.9
信息产业	2.9	4.3	3.6	5.8

资料来源：美国劳工统计局

3. 区域布局

旧金山湾区的新兴产业主要聚集在硅谷。硅谷是指美国加利福尼亚州北部高科技公司云集的圣塔克拉拉谷，最初以研究和生产半导体芯片等著称，是当今美国乃至全球的信息技术产业先锋。硅谷孕育了包括苹果、谷歌、英特尔、惠普、思科、甲骨文等在内的大批知名高科技公司，已形成新一代信息技术产业、新能源产业、生物医学产业等新兴产业集群。此外，旧金山市以旅游、商业和金融发展见长，东湾产业以重工业、金属加工和船运为核心，北湾葡萄酒业发展良好，半岛地区则房地产业发达。旧金山湾区内支柱产业功能分区成熟，差异化定位明显。

7.2.3　东京湾区新兴产业发展情况

1. 地理位置

东京湾区位于日本本州岛关东平原南端、太平洋西岸，陆地面积 1.36 万平方公里，包括东京都、神奈川县、千叶县、埼玉县"一都三县"。以东京为中心，东京湾区环绕着横滨、川崎、船桥、千叶四座大城市。东京湾沿岸形成了由横滨港、东京港、千叶港、川崎港、木更津港、横须贺港六个港口首尾相连的马蹄形港口群。

2. 产业发展

东京湾区的新兴产业以高端装备制造业为主，在汽车制造、精密机床、电子产品等领域引领全球发展。东京湾区形成了京滨和京叶两大工业区，京叶工业区以重化工为主，京滨工业区则以高端装备制造为主。京滨工业区工业产值占日本的 40%，是日本的产业研发中心，汇聚了佳能、索尼、东芝、丰田研究所等一批大型企业和研究机构，以及横滨国立大学、庆应大学等日本一流高校，为京滨工业区高端装备制造业的发展奠定了坚实的基础。

3. 区域布局

东京湾区新兴产业虽然整体以高端装备制造产业为主，但在多年的产业迁移和重组过程中，东京湾区的"一都三县"形成了各具区域特色的新兴产业集群布局，如表 7-4 所示。东京都通过将自身的制造业转移到神奈川县、千叶县、埼玉县等周边地区，以腾出空间重点发展为新兴产业服务的金融和研发产业。神奈川县、千叶县、埼玉县通过承接东京都的制造业，以夯实自身的产业基础，并结合自身的特点培育出了不同的新兴产业集群。神奈川县以研发撬动制造业高端化发展，重点培育机器人产业集群。千叶县通过优势产业资源跨区域整合形成区域特色明显的新兴产业集群，如上总地区的生物产业、千叶地区的新一代信息技术、东葛地区的高端装备制造。埼玉县通过一系列的产业规划和产学研合作重点发展纳米碳、新能源、机器人、医药等新兴产业集群。

表 7-4 东京湾区新兴产业区域布局

区域	重点新兴产业
东京都	新兴产业服务业（金融、研发）
神奈川县	机器人
千叶县	上总地区：生物产业 千叶地区：新一代信息技术 东葛地区：高端装备制造
埼玉县	纳米碳、机器人、新能源、医药

7.2.4 新兴产业发展的基本经验

1. 打造新兴产业集群化发展的全球明信片

国际三大湾区并非追求"大而全"的产业发展战略，而是结合自身的地缘优势，培育出了极具全球影响力的新兴产业集群。纽约湾区的生物医药产业、旧金山湾区的新一代信息技术产业、东京湾区的先进制造产业均是全球领先的新兴产业。

第一，纽约湾区。纽约湾区通过自身强大的金融实力推动了生物医药产业的发展。位于纽约湾区西北部的新泽西州制药业尤其发达，在全美名列第一。新泽西州拥有强生、默克等知名大公司，各类制药企业 270 余家，生产的药品占全美的 25%；有 20 多家世界级制药企业的总部设在新泽西州，这些企业的销售额约占全球制药业销售总额的一半。

第二，旧金山湾区。旧金山湾区已形成以新一代信息技术产业为主的产业集群，汇集了谷歌、苹果、甲骨文、脸书、思科、英特尔、雅虎、惠普等一批世界级高新技术企业。环绕着美国西海岸旧金山海湾的 9 个县共 101 个城市，形成了以湾区高附加值产业引领技术变革，以腹地的生产加工为配套的大范围的产业集聚区。

第三，东京湾区。东京湾区形成了京滨、京叶两大工业地带，代表产业包括装备制造、钢铁、化工、物流产业，地区经济总量约占日本的 2/3。东京湾区以新一代信息技术为依托，赋能传统优势制造业的转型升级，打造为高度现代化的先进制造业集聚地。东京湾区数字化产业引领全球，其产业市场份额已超全球数字产业总份额的 1/3。

2. 构建湾区内差异化的新兴产业发展格局

纽约湾区、旧金山湾区和东京湾区基于自己特色明显的世界级新兴产业集群，进一步在每个湾区内部均实现了差异化的新兴产业发展格局，适当发展了与主导产业紧密联系的其他新兴产业，共同构成了新兴产业集群发展体系，形成了产业之间的协同发展格局。

第一，纽约湾区。纽约湾区主要包括纽约州、新泽西州、康涅狄格州三个地区。纽约州以金融著称，为湾区的新兴产业提供金融服务，并适当发展了光电子和国防电子产业。新泽西州借助纽约州的金融功能，重点发展了制药产业，并在全球产生了极强的影响力。康涅狄格州的重点新兴产业为高端装备制造业，主要为美国国防服务，与纽约州的国防电子形成协同效应。

第二，旧金山湾区。旧金山湾区的新兴产业发展以硅谷地区"一枝独秀"。硅谷主导新兴产业为新一代信息技术产业，并基于新一代信息技术产业发展了新能源产业、生物医学。旧金山湾区的其他地区则为硅谷新兴产业的发展提供相应的生产生活配套。

第三，东京湾区。整个东京湾区的主导新兴产业为高端装备制造，并探索传统制造业的升级路径，进而发展为先进制造业。东京湾区的"一都三县"具有明显的新兴产业发展分工。东京都主要为湾区新兴产业提供金融和研发服务，神奈川县主要发展机器人产业集群，千叶县主要发展生物、新一代信息技术和高端装备制造产业集群，埼玉县则重点发展了纳米碳、机器人、新能源、医药产业集群。

3. 以强大金融体系支撑世界级新兴产业的集群化发展

国际三大湾区无一不是全球性或区域性金融中心，它们以强大的金融体系给予世界级新兴产业集群化发展资本支撑。纽约湾区主要以金融带动新兴产业的发展；旧金山主要以产业撬动资本，进而实现资本与产业的良性互动；东京湾区金融与产业的互动模式则介于纽约湾区和旧金山湾区之间。

第一，纽约湾区。自 20 世纪 80 年代至 90 年代末，美国大力发展新兴产业，纽约证券交易所通过增设上市标准、降低上市门槛等方式支持新兴产业发展。在新兴产业中，生物医药具有高投入、高风险的产业特征，融资需求巨大。纽约湾区汇集了全球 2900 多家金融、证券、期货及保险和外贸机构，为其生物医药产业的融资提供了多样化金融产品。

第二，旧金山湾区。旧金山湾区以风险投资为中心，商业银行信贷支持为补充，极大地促进了新一代信息技术产业集群的发展。旧金山湾区所获得的风投资金 90% 以上流向了计算机软件硬件、生物医药和通信及信息产业。除了风险投资外，旧金山湾区存在许多支持小微企业的专业银行，特别是服务于高新技术产业的专业银行，最具代表性的是硅谷银行模式和社区银行模式。

第三，东京湾区。东京湾区的京滨工业带和京叶工业带与东京腹地的金融功能紧密互动，为湾区的工业发展提供了强劲的金融支撑。湾区科技型企业融资的渠道主要有金融机构贷款和社会直接融资，银行的间接融资占科技企业总融资的 40%。政府建立了政策性金融机构，介入科技型中小企业的融资活动，扶持科技型中小企业的发展。

4. 依托各具优势的创新主体不断强化产业集群的全球领先地位

国际三大湾区世界级新兴产业集群的建设都离不开创新驱动，但它们依托的创新主体有所差异。纽约湾区主要依靠其金融服务和风险投资机构支持新兴产业的创新融资；旧金山湾区主要依靠其全球一流的高校和实验室为产业创新提供原动力；东京湾区主要依靠其大企业的研发投资促进产业的创新发展。

第一，纽约湾区。科技创新的发展离不开金融的支持。纽约湾区的各金融机构作为重要的创新主体融入到了湾区的技术创新体系之中，服务于纽约湾区的创新发展。对于获得风险投资支持的科技企业，也将得到风险投资机构的专业指导，推动新创科技企业的快速成长。金融这一创新主体使纽约湾区成为美国和国际大型创新公司总部的集中地，形成了一个影响世界的创新服务和管理中心。

第二，旧金山湾区。湾区拥有斯坦福大学和加利福尼亚大学的四个地区分校等世界一流高校，这些高校在湾区创新体系中发挥着核心作用，极大地推动了湾区基础研究的发展。旧金山湾区的劳伦斯伯克利国家实验室、劳伦斯利弗莫尔国家实验室等国家实验室和研究机构致力于推动创新成果走向市场。进一步，湾区内拥有许多高度发达的孵化器和加速器基础设施，对技术商业化起到了大力的推动作用，助推初创公司发展。

第三，东京湾区。日本的科研力量主要是企业，企业研发经费每年约占日本研发经费的 80%，东京湾区也不例外。东京湾区的京滨工业区依托佳能、三菱电机、索尼、东芝、富士通等大企业及其研究所开展产业关键核心技术创新，使得京滨工业区具有很强的科技研发能力。东京湾区以企业为主体的研发体系，能够使得创新满足产业的发展需求，实现创新的产业化应用。

5. 通过加强政府统筹规划鼓励产业要素自由流动

湾区实际上是城市群的综合体，因此生产要素的流动受到城市地方利益的制约。为了打造一体化的湾区生产体系，三大国际湾区十分注重加强政府统筹规划，破除地方政府之间的利益束缚，鼓励要素自由流动，形成高效的资源配置能力，推动湾区产业经济的整体发展。

第一，纽约湾区。1921 年纽约湾区建立了非官方性质的跨行政区域的纽约区域规划协会（Regional Plan Association，RPA）。RPA 在 1929 年、1968 年、1996 年、2017 年发布了四次区域规划，这一系列的区域规划成为纽约湾区近百年发展的最重要因素之一。RPA 旨在通过顶层设计和统一规划，实现基础设施、经济发展的一体化，为要素市场和产品市场的快速发展创造有利的条件和机遇。

第二，旧金山湾区。在旧金山湾区发展的初期，城市间的竞争尤为激烈，产业同构现象明显。为解决湾区城市间发展存在的协调问题，1961 年旧金山湾区成立了半官方的旧金山湾区政府协会，该协会是旧金山湾区最主要的地区性综合规划机构，以统筹推进区域规划为目标，通过搭建城市之间的沟通桥梁，促进湾区各城市间的协调发展。

第三，东京湾区。日本政府是典型的强有力的发展型政府，东京湾区的发展自始至终体现了日本政府的产业政策供给与资源统筹规划的作用。东京湾区的规划方案一般由第三方独立机构提出和设计，而湾区的具体开发管理则由政府部门组成的联盟具体实施。2014 年东京湾区成立了由国家、地方、公共团体组成的东京圈国家战略特别区域会议，负责都市再生计划。

7.3　粤港澳大湾区新兴产业发展目标的实现路径

7.3.1　适当突出"锻长板"的产业政策导向

1. 着力培育新一代信息技术、高端装备制造、新材料产业

粤港澳大湾区新兴产业的发展需要适当突出"锻长板"的发展战略导向,将优势产业培育成世界级新兴产业集群。长板的锻造可以使粤港澳大湾区拥有"撒手锏",在面对外部断供时可以形成反制力量。后疫情时代下,各级政府可支配的财政及相关产业支持资源在相当长一段时期内,都可能变得更为紧张和较为有限,为此,粤港澳大湾区新兴产业政策要从对众多产业平铺资源支持的"补短板"的导向转型过来,形成更加强调"锻长板"的产业政策导向,聚焦新一代信息技术、高端装备制造、新材料等优势新兴产业领域,集中力量加大资源供给。由于旧金山湾区的电子信息、东京湾区的先进制造已具有全球竞争优势,因此粤港澳大湾区新一代信息技术和高端装备制造的产业提升要注意差异化竞争。新材料是整个新兴产业的基础性产业,也是其他国际湾区尚未形成全球竞争力的产业领域,粤港澳大湾区可在新材料领域全面发力,形成产业链、供应链完备的世界级新兴产业集群。

2. 聚焦优势产业链环节的全球竞争力培育

在推动新兴产业发展的过程中,粤港澳大湾区不仅要着力培育具有全球竞争优势的新兴产业集群,更要在优势产业链环节上发力,打造世界级新兴产业链集群。一个新兴产业通常具有较长的产业链和供应链,在产业资源有限的条件下,粤港澳大湾区不太可能有条件发展好所有的产业链和供应链。在"双循环"的战略背景下,粤港澳大湾区要立足国内面向国际去发展新兴产业。国内其他地区已具有一定竞争力的产业链、供应链环节,大湾区可不必再投资产业资源去重复发展,可加强与这些地区的产业协同,助力新兴产业的发展。大湾区需要着力发展的是国内其他地区没有形成竞争力,但大湾区已具备竞争力的产业链、供应链环节,将这些产业链、供应链环节打造成为具有全球竞争力的新兴产业链集群。

7.3.2　构建大中小企业协同发展的企业生态体系

在粤港澳大湾区新兴产业发展过程中,大企业与中小企业有各自的优势与定位,大企业有大的带动性,小企业有小的辐射力。大企业与中小企业之间不仅是配套协作关系,更是创新合作关系。大湾区新兴产业的发展需要坚持"两条腿"

走路,既要深入实施大型骨干企业培育计划、高新技术企业树标提质计划,扶持培育大企业、大集团,引领产业发展方向,带动产业发展壮大,同时也要着力培育技术创新能力强的中小企业,引导企业培育"十年磨一剑"的精神,专注于关键产业环节的细分产品领域,开发出一批具有国际反制力的"撒手锏"产品,走"专精特新"发展道路。总的来看,大湾区新兴产业的发展需要着力于构建线上线下相结合的大中小企业创新协同、产能共享、产业链供应链互通的新型企业生态体系。

7.3.3 突破产业链关键环节"卡脖子"技术

1. 设立研发专项

有效破解新兴产业"卡脖子"问题,需要保持战略定力及政策的连续性,以重大项目为牵引,多领域、多主体协调配合,长期稳定支持,集中力量突破。粤港澳大湾区可组织专家团队对新兴产业领域的"卡脖子"技术进行识别,对识别出的"卡脖子"技术设立研发专项,力争在5~10年有所突破,推动大湾区新兴产业再上新台阶。同时,为了发挥企业技术创新的主体作用,加强技术研发的市场导向作用,大湾区可通过政企联动,激发企业研发投资的热情。对于政府资助的"卡脖子"技术研发专项,企业可按一定比例的资金进行配套,从而享有研发成果的使用权。

2. 构建市场为导向的技术创新体系

第一,支持产业组织或龙头企业牵头开展"卡脖子"技术研发攻关、行业标准制定输出和新产品应用示范,提升产业链协同创新成效,加速产业化进程。第二,支持企业与世界顶级高校和研发机构建立战略合作关系,集聚全球创新资源,加速融入全球新兴产业高端供应链,打造多个世界级研发中心,集中力量培育出一批国际一流的新兴产业企业。第三,推动优势企业强强联合、兼并重组、境外并购和投资合作,提高产业集中度,大力引进民营资本参与协同创新,鼓励建立民营研发机构,发挥民营企业高效灵活的特点,激发新兴产业市场化活力,实现全要素链整合、全产业链联合、全价值链提升。

3. 改革科技人才评价机制

现行的人才评价与晋升机制是以个人成果为导向,并突出被评价人的"第一作者"地位,这就导致科研人员不能全身心投入到科学研究团队的工作中,为重大技术的攻关贡献真正的智慧,而是更加青睐发表"短平快"的学术论文。新兴技术的更替速度日益加快，创新难度越来越大，这就要求"卡脖子"技术的攻关和突破，必须以团队的形式展开，聚合科研人员的智慧。基于此，人才评价应由个人导向转向团队导向。大湾区可以省属高校和科研机构为试点，改革人才评价机制，突出科研人才在团队中的实际贡献，承认和尊重团队带头人对团队成员的绩效评价，并采取相关的约束措施，确保改革的顺利实施。

7.3.4　提升金融与产业协同发展能级

1. 搭建多元化的科技金融服务生态

服务科技企业的过程中，要将商业性、政策性、开发性、合作性等不同资金来源结合起来，形成多层次、广覆盖、有差异的金融机构体系。同时，金融机构要加大与地方政府和第三方机构的合作，通过联合政府、银行、风险投资、私募股权投资、保险、股权交易所、证券、互联网平台等多方力量，搭建"1+N"融资服务生态圈，形成科技金融服务粤港澳大湾区科技企业的战略联盟。政府部门可以成立高科技担保有限公司，按一定比例共同出资组建覆盖粤港澳大湾区地区的科技企业信贷风险池基金，通过构建有效的风险分担机制和市场化管理模式，放大财政资金杠杆作用，吸引商业银行、风险投资、私募股权投资、保险、证券等金融机构加大对初创期的科技企业的支持力度。

2. 完善差异化的区域金融功能分工

围绕新兴产业高质量发展的目标，将粤港澳三地打造成为我国科技金融资源集聚中心和国际风投创投中心。充分发挥香港、深圳、广州三地在资本市场、金融科技等方面的核心功能，合作构建多元化、国际化的科技企业投融资体系。香港应充分发挥其国际金融中心地位及开放辐射作用，高效地连接起成熟的国际资本与大湾区内其他城市的金融需求，同时逐步完善"粤港澳大湾区科技金融联盟"等常态化合作机制，全面提升大湾区的合作层次及科技金融创新的国际影响力。深圳金融科技基础发达，新兴金融机构和金融形态发展迅速，在金融科技人才、资金和政策方面有较大的先发优势，可以为大湾区内的科技企业提供金融科技赋能。广州要发挥其在资本集聚和创新研发方面所具备的优势，推进"广州—深圳—香港—澳门"科技创新走廊等重大载体建设，支持省实验室等科研机构与港澳合作，加快国际一流创新平台建设，促进大湾区的科技创新和经济发展。

3. 推动跨境金融互联互通

一是进一步探索便利资金跨境投资。要继续推进跨境双向人民币贷款、本外币资金池等业务，不断拓宽合格境外有限合伙人、深港通和人民币海外投贷基金等跨境合作通道，争取更多的规模和额度，支持港澳私募基金投资内地科技企业，推动更多更好培育科技创新"独角兽"企业，推动符合条件的广东省科技企业进入香港上市融资，开展境内外并购提质升级；创新手段吸引境外长期低成本资金支持大湾区新型信息基础设施建设，推广绿色融资，支持广东企业赴香港、澳门发行绿色企业债券，探索发行绿色市政债券。探索设立粤港澳大湾区国际商业银行，通过机构运作和机制创新，构建符合粤港澳大湾区科技和经济发展需求的、长期稳定可持续的跨境投融资模式。二是要加快区域金融一体化。积极推动广东省与港澳地区建设高度信息化的跨境支付、结算体系，高度便利化的跨境供应链、贸易链投融资平台，加快自由贸易账户的落地使用，为大湾区经贸一体化发展创造条件。进一步鼓励创新，运用区块链、云计算、大数据、人工智能等金融科技手段，深化粤港澳在虚拟银行等方面的业务融合，打通数据壁垒，创新数字货币场景运用，让现代金融科技更好地服务于整个大湾区的建设和发展。

4. 加快科技金融机构和基金体系建设

坚持市场化和政府适当引导的原则，鼓励金融机构和地方政府合作，发起设立科研基金、产业投资基金、股权投资基金、粤港澳大湾区科技银行等，支持粤港澳大湾区内的科技企业发展。具体来看，一是增加重大基金中政府基金的比例。加大财政对科技企业和科技研发的支持力度，加快发展国家科技成果转化引导基金、国家新兴产业创业投资引导基金和国家集成电路产业投资基金，同时根据各地财力设立政府性担保机构和再担保基金，发挥政府基金风险缓释的兜底作用。二是尽快设立粤港澳大湾区科技银行。借鉴"硅谷模式"，将新型商业银行定位于专职服务科技企业，扩大知识产权质押融资，加大科技信贷投放，重点覆盖获 A 到 C 轮风投融资的众多科技企业，并适时开展投贷联动自营业务。三是成立专为科技企业提供服务的科技金融控股集团。通过各部门、各金融子公司的全方位合作，为科技企业提供孵化、培育、投融资等综合金融服务，覆盖研发—成果转化—生产—销售在内的一体化价值链条。

5. 发挥香港的关键作用

第一，鼓励港资银行发挥资金和技术优势，积极开拓大湾区市场空间，为大湾区中小科创企业解决融资难融资贵问题。支持香港保险公司依法取得合格境外机构投资者和人民币合格境外机构投资者资格，为粤港澳大湾区建设提供融资支持。第二，依据《粤港澳大湾区发展规划纲要》《关于金融支持粤港澳大湾区建设的意见》等政策文件，支持符合条件的港资银行、保险机构加快在深圳、广州等科创资源丰富的城市新设法人机构、分支机构、专营机构。第三，利用好香港丰富的私募基金资源，支持香港机构投资者在大湾区内地设立创投机构、科技孵化基金，设立粤港澳大湾区科研成果转化母基金，参与大湾区创新型科技企业融资。利用香港金融资源优势，依托香港吸引外商投资股权投资企业到大湾区内地落地，实现引入国外增量资金发展股权投资。第四，在"一国两制"方针下发挥香港金融体系的独特优势，利用好香港国际金融中心在跨境融资方面的低成本优势，在大湾区内设计一些创新的制度安排，不受目前国家外汇管制的限制，让资金能够自由跨境，国际资本能够畅通地流入粤港澳大湾区。第五，利用好香港上市制度改革为初创企业带来的便利条件，支持研发阶段的生物医疗企业赴港上市。

7.3.5　以广东自贸区扩区升级推动产业高水平开放

粤港澳大湾区应抓紧向中央提出申请，积极推动广东自贸区扩区升级。如果将东莞的滨海湾新区和中山的翠亨新区纳入广东自贸区，就会把南沙、前海（蛇口）、横琴三个自贸区彻底串联起来，从而真正形成粤港澳大湾区的核心区。借助广东自贸区扩区升级一方面可试点在空间上将自贸区政策覆盖到新一代信息技术、高端装备制造、新材料等大湾区重点发展的产业领域，为培育世界级新兴产业集群提供更加国际化、更加便利、更加公平的营商环境。另一方面可建立金融与新兴产业的良好互动关系，通过进一步扩大外资市场准入，加快对外资金融机构的开放步伐，让外资金融机构能够把国际市场释放的资金导入大湾区新兴产业。

7.3.6　加强产业"大湾区+"区域合作发展

粤港澳大湾区不断增强自身新兴产业竞争力的同时，也要加强与其他区域的产业合作，强化新兴产业的辐射带动作用，提升新兴产业集群的引领性。第一，支持大湾区以"飞地经济"形式与北部湾城市群共建北部湾临海产业园，合作发展海洋经济，共建海洋经济示范区。第二，持续深化大湾区与海峡西岸城市群的金融合作，积极引入大湾区金融产品和资金为海峡西岸城市群科技型中小企业发展服务，进而与大湾区协同构建完整的新兴产业链、供应链。第三，加强与海南自由贸易港合作，推动大湾区新兴产业的高水平开放，同时海南自由贸易港可在智能制造、新能源、深海科技领域加强与大湾区的产业合作，形成产业链、供应链、创新链上的互补格局。第四，借助粤港澳大湾区的制度优势，为台湾青年科技人才在大湾区新兴产业领域创业就业创造可行的机会与条件，为粤港澳大湾区将来覆盖台海区域，造就更广范围的繁荣创造条件。

7.3.7　面向未来产业发展重构人才支撑体系

1. 强化本土科技领军人才及团队的内培

新兴产业的高质量发展离不开人才的支撑，粤港澳大湾区需要做好相应的人才供给。一方面，大湾区应以一流的人才生态环境为依托，在政策环境、发展空间、文化认同和人居环境等方面加快构建全方位、全周期的人才服务生态体系，从而培育大湾区人才高地的全球竞争力。另一方面，在当前复杂多变的国际环境下，大湾区新兴产业的发展更需要本土人才的支撑，因此需要加强"内培"，构建内涵式的人才支撑体系。重点围绕新一代信息技术、新材料、高端装备制造等新兴产业的核心关键问题，选拔人才、培养人才、布局人才，突出"人才+团队+领域"导向，培养和造就一批能够引领和促进新兴学科形成与产业关键技术发展的科技领军人才，构建一批富有创新能力的科技创新团队。

2. 借助国际猎头企业精准招募产业领军人才

猎头企业在精准招募高端人才方面发挥着重要的作用。美国在这方面取得了显著的成效。美国通过提供资金支持和减免税收等方式来推动国内猎头产业的发展，支持并鼓励猎头企业进军国际高级人才市场，进而引导猎头企业为本国的研究机构、企业，以及政府部门招募高层次人才。因此，粤港澳大湾区可借助国际猎头企业精准招募符合未来产业发展的领军人才。一方面对接专业招募国际人才的国际猎头，提升精准引才和高效引才的能力。另一方面探索建立国际人才信息库、培育海外国家猎头和国际人才研究等职能，主动出击、制定"潜在来华就职人员数据库"，从而进行供需匹配，进而更精准、更高效地招揽国际人才到大湾区。

3. 推动湾区内部的人才交流与合作

第一，拓展港澳会计师、医生、律师、建筑师等各领域专业人才的就业和执业空间，通过聘任制等形式引进港澳高层次人才来广东就业。第二，利用深港科技创新合作区的优势，以在深圳的香港科研机构为支点，出台相应的特别研究员制度，资助和吸引更多年轻的香港人才到深圳园区甚至其他地区的科研机构进行博士后研究。第三，通过广东重点企业与港澳高校的合作，政府作为牵头人和资助者，提供一定资金和机会支持港澳高校的优秀学生到广东的重点科技企业进行实习，从而促进港澳学生对广东科技企业的了解，也为广东企业提供港澳人才引进的新渠道。第四，支持一批广东优秀青年科研人才去港澳一流大学和科研机构开展博士后研究、学术交流、访问进修、合作研究等，并且反向支持广东高校的优秀学生到港澳的优秀企业进行实习和学习，促进两地人才交流学习。

7.3.8　完善产业发展的制度环境

1. 建设更加统一、协同、开放和自由的大湾区营商环境

新兴产业的发展需要一流营商环境的制度支撑，促进生产要素的开放和自由流动，实现产业资源的高效配置。目前除港澳地区之外，大湾区九个城市在营商环境上可谓"一城一策"，竞争过度，协同不足，参差不齐，大湾区打造一个更加统一、协同、开放和自由的营商环境已经迫在眉睫。一方面，亟须广东省人民政府的强力统筹，对标广州和深圳尤其深圳的营商环境建设，要求大湾区内除港澳外的其他城市看齐，打造无差别、统一的湾区内地城市营商环境。另一方面，广东省主动增强与港澳营商环境的协同性，破解制约要素流通的体制机制，试点改革监管程序、数据申报和业务流程，在查验信息、检验认证认可等领域争取实现粤港澳互认的突破，促进投资贸易便利化。

2. 建立产业发展评估指标体系

大湾区新兴产业的发展独享"一国两制"的巨大制度优势，但"一国两制"制度优势的充分发挥需要协调当前"两区九市"相关具体政策的差异性，如税收政策，这就要求加强大湾区的组织领导，定期召开新兴产业发展联席会议，共同制定大湾区产业发展的总体规划与实施路径，统筹湾区新兴产业发展资源。同时，准确、权威的产业发展数据的缺乏会影响对大湾区新兴产业发展情况的研判，这就需要加强大湾区产业数据库建设，为政策研究提供数据支撑。进一步，建立粤港澳大湾区新兴产业发展的评估指标体系，帮助政府部门监测产业发展的具体情况，作为指导产业发展的依据。

7.3.9　注重新兴产业与传统产业的协同发展

当前传统产业仍是稳就业、促民生的重要依托，在此背景下大湾区在发展新兴产业的同时也要注重传统产业的发展，实现两者的协同发展。新兴产业与传统产业并非简单的取代关系。在新技术革命的推动下，两者互为补充、并行发展。新兴产业可通过技术溢出效应改造提升传统产业，传统产业的转型发展又可为新兴产业发展提供支撑和应用场景。粤港澳大湾区要坚持新兴产业与传统优势产业两手抓，推动湾区产业全面提质升级。一方面立足资源市场禀赋优势培育新兴产业，引导各地选准新兴产业发展方向，防止一哄而上造成同质化竞争和产能过剩。另一方面对传统优势产业转型升级给予更多关注和更大力度支持，

相关优惠扶持政策要惠及传统优势产业，支持企业增产品、提品质、创品牌，更好地走向国际市场。

7.4　本章小结

针对粤港澳大湾区新兴产业发展存在的问题，基于国家的战略定位和国内外重大发展形势的研判，本章认为粤港澳大湾区新兴产业发展的中长期目标是：全面迈向开放、融合与可持续的全球创新与产业高地。开放、融合与可持续的标志是高度聚集全球创新与产业要素，企业国际化水平位居全球前列，大湾区内人员、物资、资金、信息便捷有序流动，拥有强大的创新支撑能力，新兴产业集群具有全球影响力，在更高层次参与国际经济合作和竞争。为实现战略目标，立足发展现实，对标国际领先水平，测算设定大湾区新兴产业在开放、融合、可持续发展上的目标。在国际湾区发展经验分析的基础上，为实现新兴产业的发展目标，本章认为粤港澳大湾区应在"锻长板"的战略思想下，重点发展新一代信息技术、高端装备制造、新材料三大产业，力争成为具有全球影响力的新兴产业集群，在全球形成反制力。为此，粤港澳大湾区应从适当突出"锻长板"的产业政策导向，构建大中小企业协同发展的企业生态体系，突破产业链关键环节"卡脖子"技术，提升金融与产业协同发展能级，以广东自贸区扩区升级推动产业高水平开放，加强产业"大湾区+"区域合作发展，面向未来产业发展重构人才支撑体系，完善产业制度环境，注重新兴产业与传统产业的协同发展等方面推动新兴产业的高质量发展。

参 考 文 献

陈楚霞. 2020. 粤港澳大湾区科技创新规则对接问题及其对策分析[J]. 经济研究导刊, (23):26-27.

陈茂清, 余全民, 林瑞清. 2021. 粤港澳大湾区科学仪器产业创新发展态势分析[J]. 科技管理研究, 41(16):138-144.

陈志辉. 2013. 科技创新平台内涵特征与发展思考[J]. 科技管理研究, 33(17):34-37.

范拓源. 2018. 粤港澳大湾区战略性新兴产业发展与财政扶持模式研究[J]. 开发性金融研究, 17(1):32-38.

付荣华, 皮晓芳. 2020. 粤港澳大湾区战略性新兴产业集群协同创新策略研究[J]. 产业与科技论坛, 19(1): 18-19.

何立春. 2015. 新型城镇化、战略性新兴产业与经济发展[J]. 财经问题研究, (5):48-52.

贺俊, 吕铁. 2012. 战略性新兴产业: 从政策概念到理论问题[J]. 财贸经济, (5):106-113.

黄先海, 张胜利. 2019. 中国战略性新兴产业的发展路径选择: 大国市场诱致[J]. 中国工业经济, (11):60-78.

李健, 高杨, 李祥飞. 2013. 政策工具视域下中国低碳政策分析框架研究[J]. 科技进步与对策, (21):112-117.

李楠, 王周谊, 杨阳. 2019. 创新驱动发展战略背景下全球四大湾区发展模式的比较研究[J]. 智库理论与实践, 4(3):80-93.

李爽, 刘雨婷, 董帅薇. 2020. 江苏省战略性新兴产业发展的金融支持状况分析[J]. 山西农经, (24):177-178.

李太平, 顾宇南. 2021. 战略性新兴产业集聚、产业结构升级与区域经济高质量发展——基于长江经济带的实证分析[J]. 河南师范大学学报(哲学社会科学版), 48(1):78-87.

李晓华, 刘峰. 2013. 产业生态系统与战略性新兴产业发展[J]. 中国工业经济, (3):20-32.

陆国庆, 王舟, 张春宇. 2014. 中国战略性新兴产业政府创新补贴的绩效研究[J]. 经济研究, 49(7):44-55.

马兴瑞. 2021. 携手港澳打造国际一流湾区和世界级城市群[J]. 人民周刊, (11):70-73.

任保全, 刘志彪, 王亮亮. 2016. 战略性新兴产业生产率增长的来源:出口还是本土市场需求[J]. 经济学家, (4):13-23.

邵敏, 包群. 2011. 地方政府补贴企业行为分析:扶持强者还是保护弱者?[J]. 世界经济文汇, (1):56-72.

孙国民. 2021. 战略性新兴产业发展的支撑体系与政策供给[J]. 学术论坛, 44(3):57-66.

王金杰, 郭树龙, 张龙鹏. 2018. 互联网对企业创新绩效的影响及其机制研究——基于开放式创新的解释[J]. 南开经济研究, (6):170-190.

王世英. 2017. 三力模型视角下的战略性新兴产业政策工具运用研究——以北上广深为例[J]. 兰州学刊, (6):180-192.

王渊奇. 2020. 外资对粤港澳湾区战略性新兴产业发展的影响研究[J]. 特区经济, (7):34-36.

谢国根, 蒋诗泉, 赵春艳. 2018. 战略性新兴产业与经济发展耦合协调发展研究——基于安徽省的实证研究[J]. 科技管理研究,38(22):70-77.

余迎昕, 陈云磊. 2021. 芜湖市商业银行支持战略性新兴产业发展研究——以兴业银行芜湖分行为例[J]. 金融理论与教学, (4): 49-51,80.

曾刚, 耿成轩. 2018. 京津冀战略性新兴产业融资效率测度及其协同发展策略[J]. 中国科技论坛, (12):142-149, 172.

张龙鹏, 刘俊杰. 2020. 粤港澳大湾区战略性新兴产业政策比较研究[J]. 科技管理研究, 40(22): 39-47.

张龙鹏, 汤志伟. 2018. 产业政策的资源误置效应及其微观机制研究[J]. 财贸研究, 29(12):1-13.

张龙鹏, 钟易霖. 2021. 基础研究发展对技术创新的影响：基于最优研发结构视角[J]. 科技进步与对策,38(17):19-25.

张秀妮. 2019. 量化分析:政策文本研究的新方法[J]. 中共山西省委党校学报, 42(3):119-123.

张治河, 黄海霞, 谢忠泉, 等. 2014. 战略性新兴产业集群的形成机制研究——以武汉·中国光谷为例[J]. 科学学研究, 32(1):24-28.

赵华, 赵雪雅, 顾瑞婷, 等. 2021. 苏北五市战略性新兴产业技术分布——基于专利分析[J]. 盐城工学院学报(社会科学版),34(3): 103-106.

赵玮, 温军. 2015. 风险投资介入是否可以提高战略性新兴产业的绩效?[J]. 产业经济研究, (2):79-89.

庄德林, 杨羊, 晋盛武, 等. 2017. 基于战略性新兴产业的长江三角洲城市网络结构演变研究[J]. 地理科学, 37(4):546-553.

Rothwell R, Zegveld W. 1985. Reindusdalization and Technology [M]. London: Logman Group Limited:83-104.

后 记

毫无疑问，未来国际产业竞争中若无强大的战略性新兴产业作为支撑，将面临产业链、创新链、技术链的系统"卡脖子"困境。作为长期关注粤港澳大湾区发展、关注新兴产业发展的研究者，我们欣喜地看到《粤港澳大湾区发展规划纲要》出台，这为粤港澳大湾区高水平、高质量发展擘画了蓝图。身处新的时代浪潮，能为粤港澳大湾区建成国际一流湾区和世界级城市群做点有价值的研究，是我们的初心使命。遥见纽约湾区、旧金山湾区和东京湾区的繁荣，我们坚信粤港澳大湾区具有更大潜力走向更加繁荣。

本书是中国工程院重大战略咨询项目"粤港澳大湾区科技创新与新兴产业发展战略研究"的阶段性研究成果。自立项以来，研究团队本着面向大湾区实际、面向产业真问题、面向国际先进经验、面向未来发展的原则开展具体研究。尽管存有诸多不足，但还是做出了一定的贡献。第一，相较于已有从新兴产业具体产业的研究，本书第一次从综合角度对粤港澳大湾区新兴产业发展情况进行了综合研判。第二，研究从政策支撑体系、创新支撑体系、金融支撑体系和新基建支撑体系四个方面，较为系统地刻画了粤港澳大湾区与纽约湾区、旧金山湾区和东京湾区在新兴产业方面存在的差距，并总结了可鉴经验。第三，研究第一次从粤港澳大湾区新兴产业全局发展视角，设定了发展目标，规划了发展路径。总体来看，本书为粤港澳大湾区新兴产业的进一步优化布局，提供了一项数据较丰富、结果可靠的研究借鉴。

本书由王迎军、曾志敏、郑文杰等成员共同完成，其中王迎军负责总体研究框架和写作思路设计。在具体撰写中，第1章、第2章、第7章由曾志敏主笔完成，并进行全书审校，撰写约7万字；第3章、第4章由郑文杰主笔完成，撰写约7万字；第5章、第6章由薛永业主笔完成，撰写约6万字。

粤港澳大湾区新兴产业议题宏大、覆盖面广、发展迅速，对本书的写作带来了一定的挑战和难度。因此，本书难免有不尽如人意之处，敬请各位专家同行和广大读者不吝批评指正。我们也将持续关注和研究粤港澳大湾区新兴产业发展的相关议题，争取提供更多更有价值的研究成果。